わかる!! わかる!! わかる!!

面接&
エントリーシート

WAKARU!! WAKARU!! WAKARU!!

JN043823

新星出版社

1 「自分の言葉」で回答を作る 回答の公式！

　面接では一つひとつの質問について、事前に回答を用意しておいても、すべてを丸暗記するのはとても大変だ。だからこそ、その場で回答をひねり出せる公式が有用なのである。公式を覚えてさえいれば、自分独自の回答をその場で作り出せるのだ。同様に質問内容はおおむね、エントリーシートとほぼ共通している。つまり公式を利用すればエントリーシート作りにも役立つのだ。

2 自己PRと志望動機を中心に、 豊富な回答例を用意！

　面接で聞かれることの大半は、自己PRと志望動機の二点。これらに対して、公式を元に作成した回答例を豊富に掲載。NG回答例では、まず自分で一度読んでみてどこが悪いか分析してみよう。本番で同じミスを犯さないためにもNGポイントを確認しておくことは大切。

3 セルフチェックで弱点を明確化！

　面接の攻略法は、自分自身について深く知ること。なぜなら、自分のことを効果的に伝えるのが面接だからだ。本書のセルフチェックを試してみれば「知らなかった自分」を発見できるだろう。

1章＆2章で面接の本質とルールを知る

ひと口に面接といっても、様々な形態があり、それぞれにルールがある。1章と2章では、どんな形式の面接があって、何を守ってプレーすればいいのか、を説明する。

3章＆4章で必ず聞かれる質問に備える

面接には、必ず聞かれるお決まりの質問というのがある。3章と4章では、これらを徹底的に攻略する。

●ココが見られる
質問の表面的な意味とは別に、質問の本当の狙いが何なのかを解説。

●アピールポイント
基本的にはこのアピールポイントを軸として回答を作成すること。

●回答の公式
公式は3つの要素で成り立っている。各要素でポイントとなる部分を確認後、具体的な選択肢の中からどれに当てはまるかイメージしよう。公式の流れにしたがってプロットを構築していけば、自分だけの回答が完成する。同様のやり方でエントリーシートの書き込みを行えば、面接本番でも違和感なく回答できるはずだ。

あなたの自己紹介をしてください

ココが見られる
会社に自分を知ってもらうための自己紹介だから、友達同士で交わすそれとは当然訳が違う。性格や趣味の話に終止せず、それらを仕事にどう結び付けるかを語ること。本質は自己PRだ！

アピールポイント

自分の強み、長所を具体的に語れ
サンプル
・プラス思考
・積極的行動派
・活力溢れる人間

回答の公式　　分析　＋　エピソード　＋　展開

分析
自分のことを客観的に語る分析力が大切
選択肢
・正確な自己認知
・他人にはない長所
・強みを裏付ける自己分析
・友人からの意見

エピソード
強みを武器に、最高の成果が出せた経験を語る
選択肢
・困難の克服
・人間関係の構築
・受験合格の要点
・趣味、特性

展開
持てる強みを、仕事にどう展開していけるかをアピール
選択肢
・仕事をやり直す力
・つらい仕事の遂行
・仕事を楽しめる性格

5章で志望する業界の対策を練る

業界別に、聞かれる質問の傾向は、ある程度予測できる。5章では主要業界別にありがちな質問とその回答例を豊富に用意。業界の特性をつかんでおこう。

●回答例

サンプルはあなたの回答を導くための参考例。これらの言葉を頼りに自分独自の回答を作ってみてほしい。また、面接本番ではサンプルよりも、丁寧な言い回しを心掛けると、一層あなたの好感度も上がるだろう。

●Key word

キーワードを示しながら回答例の要点をチェック。

OK回答例

私は基本的にポジティブ思考の人間で、物事の明るい面を見るような癖が、小さな頃から自然と身に付いていました。くじけそうになったら、「この失敗を必ず成功の種にしてみせる」と自分を鼓舞。そうやって今まで困難を乗り越え、ハードルをクリアしてきました。同級生たちが推薦などで大学が決まって行く中でも、「一般受験という大きなハードルを越えることで、ひと回り成長できる」と考え、周囲が遊んでいる中、受験勉強に前向きに取り組むことができ、志望校に合格できたのだと思います。何事もポジティブに考えることで、本質をとらえることができ、より成長できるのではないかと考えています。

Key word

①プラス思考の好例。分かりやすく説明できている。推薦入学はできなかったものの,成功談にしてうまくまとめている。

NG回答例

自分はポジティブな人間です。明るく、人を笑わせるのが大好きで、大学でもいつもギャグを言っては、教室を笑いの渦に巻き込んでいます。お調子者と言われることもありますが、コンパや飲み会などでは重宝がられる人気者です。カラオケなども得意です。こんな人間がひとりいると、職場の雰囲気も華やぐのではないでしょうか。

Check

会社はお調子者を、あまりありがたく思わない。明るい考え方ができるのはいいが、社会に出ると笑ってばかりいられないのが実際。現実感の希薄な学生といった印象を持たれかねない。

●Key word

キーワードを示しながら回答例の要点をチェック。

●Check

特に重要となる部分については、ピックアップして分かりやすく解説。

目次

第1章 面接とは何か

第2章 面接のマナー

第3章 自分に関する質問と回答

第4章 志望動機に関する質問と回答

目次

第5章 業界別の傾向と対策

COLUMN

★企画・制作／萩原圭太　権藤海裕（les Ateliers）
★デザイン／帆苅政義（fan）　★本文イラスト／山田達彦

第1章
面接とは何か

人物重視の観点に立つ採用試験

バブル経済が崩壊し、また、リーマン・ショック以降の景気低迷、新型コロナウイルスの蔓延で「就職氷河期」と呼ばれる時代が続いている。この冷え込んだ時代、採用試験の現場で重要視されるようになったのが「面接」だ。各企業は、ペーパーテストでは判断できない志望者の人間性や仕事に対する意欲を、面接によって判断。人物重視の観点から、ビジネスの現場で本当に役立つ人間を探し出そうとしている。面接のできる人間こそ、就職活動で、最後に勝利できる人材であると言えるのだ。

新型コロナウイルス感染症拡大以降、Web面接に切り替える企業が増えている。面接自体に大きな違いはないし、オンライン授業に慣れている学生なら何も問題はないはずだ。自信をもって言葉にできるよう、しっかり準備をしておこう。

自己PRと志望動機を述べよ

面接では一体何を話せばいいのか？　多くの学生が不安に思っているかもしれない。面接官はあなたに対して様々なことを聞いてくるが、あなたが話すべきことは「自己PR」と「志望動機」に集約されると言っていい。つまり「自分は将来的に、こんなに役立つ人材になります」というアピールと、「こんな理由で御社を志望しました」という決意を固めたきっかけだ。自己PRと志望動機がしっかりと話せぬ者に内定はあり得ない。

新しい面接スタイルの登場

　従来型の集団、個人面接に加え、Web面接、グループディスカッション、プレゼン面接などの新しいスタイルが登場。各企業が工夫を凝らした面接スタイルを取り入れて、優秀な学生を採用することに真剣になっている。これから解説するスタイルの面接の攻略方法を身に付けて、どんな面接様式にも対応し得る柔軟性を身に付けてほしい。そうすれば、新しい面接スタイルであっても、あわてることなく対応していけるはずだ。

面接の概要

一次面接
◇面接官：若手・中堅社員
◇特徴：面接形式はWeb面接や集団面接の場合が多い。面接官からの質問に的確に答えられるかといったコミュニケーション能力を中心に学生を絞り込む。

二次〜三次面接
◇面接官：管理職クラス
◇特徴：面接形式は個人面接。この段階では企業への適正や志望の熱意など、学生の人物像を掘り下げる内容が中心だ。そのため回答に窮する圧迫面接が行われる場合もある。

役員〜最終面接
◇面接官：社長・役員
◇特徴：以前は最終面接＝意思確認の場だと考えられていたが、必ずしもそうとは言えなくなっている。これまでと同じ質問に加え、会社の将来のビジョンについても意見を求められる。

Web（オンライン）面接

　2020年の新型コロナウイルスの蔓延をきっかけに、新たに導入され始めたのが、ZOOMなどの会議ソフトを使ったWeb（オンライン）面接です。大掛かりな会場準備なども不要なことから、1次面接、グループディスカッション、グループワーク、プレゼンテーションなどでこの形態が主流になってきています。

　面接におけるマナーや言葉遣いなどは従来の対面の場合と同じですが、ドアを開ける動作やイスに座る動作などはなくなります。一礼は、首だけを動かすのでなく、立った姿勢でのお辞儀と同様に行います。また、リモートでは声が聞こえにくくなることが多いので、いつもより滑舌よく、少し高めの声で話すことを心がけましょう。

　当日、通信環境によって聴き取りづらい場合なども考えられます。その場合、わかったふりをするのではなく、「申し訳ありません。最後の部分が聞こえなかったのですが、もう一度よろしいでしょうか」など、はっきりと聞き返すことも大切です。

す、すごい 大きい人？

いや、ネクタイか……？

準備 ———————————————————→

通信環境を整えて
事前にテストしておく

　まず、事前に企業の指定したソフトをダウンロードして、基本操作に慣れておくことが大切です。特に挙手などのアイコンやミュート、ミュート解除などの機能はよく使うので、スムーズに操作できるようにしておくとよいでしょう。プレゼンテーションでは、資料などを使うことも多いので、画面共有などの操作にも慣れておきましょう。

　事前に接続して通信環境を確認し、もし支障があるようなら、別の場所を確保しておくことも大切です。相手の声が聞こえやすいかどうかだけでなく、テスト通信では自分の声がクリアに届いているかも確認しておきましょう。

point ←———————————————————

自分の映り方で印象が変わる

　使用端末で、自分がどのように映るのかも確認しておきましょう。カメラ位置が高いと上目遣いになり、低過ぎると見下して見えます。あまりに暗いと表情が伝わりにくいので、カメラの高さや明るさもチェックしておくことが大切です。タブレット端末など、画面の左右にカメラがある場合は、カメラに目線を向けて話すことにも慣れておきましょう。

　また、背景にたくさんの物が映ってしまう場合は、パーティションやカーテンなどですっきりさせた方が好印象になります。バーチャル背景などを使うのは避けた方が無難です。

面接のタイプと対策

集団面接

特徴

　一次、二次の早期ラウンドに実施されるのが集団面接。振るい落としと考えればいい。多くの学生の中から明らかに会社に向いていない人物を排除する。また、見込みのありそうな人物をチェックしてアタリを付ける面接でもある。

対策

話せる時間は10分程度しかない

　集団面接では、話せる時間がとにかく短いということに注意しておくこと。5人で50分程度というのが標準的。つまり、ひとりが話せる持ち時間は10分あるかないかである。同時に、話していない時間というのも、集団面接では特に重要だ。面接官は、発言している学生だけではなく、その回答を聞いている周囲の学生の態度もしっかりとチェックしている。

point

発言時間は工夫次第で延ばせる

　話せる時間が短いと述べたが、これは厳密に言うと正しくはない。実際には、ひとりで20分話せる人間もいれば、5分しか発言できない学生もいる。あなたが興味深い話をすれば話せる時間はどんどん長くなり、つまらない受け答えしかできなければ、ほとんど話せないということだ。聞かれたことに答えるだけではなく、話を膨らませて積極的に発言チャンスを獲得しよう。

ココに注意

　集団面接の場合は特に、周囲の人の言動につられないように注意。入室し、前の人が先にイスに腰掛けたとしても、あなたは「どうぞお座りください」と指示されてから座るようにする。

面接のタイプ ② 個人面接

特徴

　人となりを一層深く掘り下げて、パーソナリティを明らかにしようとするのが個人面接。ひとり当たり30分前後の長い時間で行われることが多い。面接官はひとつの質問に対して、より詳しい意見を求めてくる。

対策 →

言いたいことを頭に叩き入れて臨め

　詳しく意見を求めてくる個人面接は、苦戦が予想される一方で、自己PRの絶好の場でもある。チャンスを活かすためには、自己PRと志望動機を軸として、自分の言いたいことを頭に叩き入れて必ず準備しておくこと。アドリブも大切だが、ぶっつけ本番で臨んでも撃破されるのが個人面接なのである。

point

最高の自己PRと志望動機を用意

「自己紹介してください」「あなたを動物に例えると？」「今日は天気がいいですね」といった面接官のあらゆる発言は、すべてあなたから自己PRと志望動機を聞き出そうとするものだ。話は抽象的にならないように注意すること。

point

油断は禁物！

個人面接は、面接官が複数いたとしても基本的には一対一の質疑応答となる。ある程度は自分のペースで進められるので、落ち着いて話せるやりやすさがあろう。ただし、リラックスするのはいいが気持ちを緩めすぎてしまうのは厳禁。面接官は学生の自然体を見ようとして「リラックスしてください」と言ってくるかもしれないが、言葉に甘えて仲間同士で話す学生口調が出てしまったら即アウト。

─ ココに注意 ─

個人面接は、志望動機など本質的なところを突っ込んでくるのが特徴と言える。だから回答をある程度絞れるが、棒読みになりやすいという落とし穴がある。特に自己PR、志望理由はあらかじめ用意しておけるので朗読になりがち。あくまで面接は会話だと忘れないように。

グループディスカッション

特徴

一〜二次面接において導入する企業が増えてきたグループディスカッション形式。あるテーマについて、5〜10名のグループで議論し、制限時間内に結論を出す。その過程を観察することで志望者の人物像を探ろうとする面接法だ。

対策 ━━━━━━━━━━━━━▶

役割分担があるのが
大きな特徴

グループディスカッションでは、各人に役割が設定されることになる。当然、どの役を演じるかで面接の展開も大きく変わってくる。司会は目立つが失敗するとダメージも大きい。タイムキーパーは時間を計るのみならず、意見を述べることも忘れないように。書記は地味だが、意見をまとめるときに一発逆転できる役回り。自分がやりやすい役割を確認しておこう。

point

面接では分からないことが分かる

他者と議論し合う様子を観察することで、単純な面接では分からないことが見えてくる。例えば協調性、積極性、集中力の有無、または自分ばかりが発言する自己中心的人間ではないかどうか、など。特に意見が対立すると感情的になってしまうような人は要注意。この面接は、発言内容よりも他者との関わり合いが見られるのだ。

point

自己PRすることを忘れるな

率直に言ってしまえば、議題について自分がどう考えているかは、二の次だ。面接であることを考えれば、グループディスカッションも自己PRする場なのだ。この場でありきたりな正論を振りかざしても、道徳的には正しいかもしれないが、まったくおもしろみはない。

― ココに注意 ―

グループディスカッションにはルールがある。まず、制限時間が設定されていること。そしてその時間内に何らかの結論を出すことだ。タイムキーパーは残り時間をアナウンスし、時間管理能力を示すべし。司会は残り10分くらいから、まとめを促すようにしたい。そして書記は、メモを整理して最後にしっかりとしたまとめを提示できるように。結論の出ないグループはそこで全員敗退する。

グループディスカッション合格テクニック

●司会役

立候補するのが基本。なり手がいない場合は進んで立候補しよう。それだけでも積極性が認められる。目立つ存在だが、目立てばいいわけでもない。意見を述べるよりも議事のスムーズな進行を促そう。

●タイムキーパー

時間管理に細心の注意を払うこと。「あと何分」とアナウンスするのは大事だが、それだけでは効果的に自己PRできない。「あと何分なので、具体論に入りましょう。私が思うに……」と話を展開すると効果的。

●書記

皆の意見をまとめて最後に結論を発表。もちろん、途中で意見を投げかけるのもかまわない。また、議論がもつれたところでは話を整理し、軌道修正するのも書記の大事な役割。地味なようで、案外担う役割はある。

●パネラー

ユニークなアイデアを、たくさん挙げられる人材であることが望まれる。また、周囲への心配りができる性格であるかどうかなど、人間性もチェックされる。ありきたりではない、独自の意見を自分の言葉で述べよう！

●全体として

まず、意見を出すというのが最低の条件。発言のない学生は絶対に認められない。話は論理的であることはもちろんだが、それ以前に適切な言葉づかいを心掛けること。ディスカッションでは学生言葉になりやすいので注意が必要だ。

こんなときはどうする？
グループディスカッションQ&A

Q1 自分の意見は終始 変えないほうがいいのか？

A1 意見を変更すると、信頼性に欠ける印象を持たれかねない。最初に提出した意見は、最後まで貫くほうがいいだろう。例えばいじめ問題について是か非かと問われたら、是としてもいい。「それは社会の矛盾を指摘する警鐘だ」として。是と考えるその理由を、終始展開し続けることが大事なのだ。

Q2 発言回数が多ければいいのか？

A2 最も発言回数の多い学生は、落ちるという伝説がある。話が抽象的、たんなる冷やかし発言、議論が的外れ……など。意見は少なくてもいいが、時々ズバッと的を突いたことを言う方が、目立つものなのだ。ダラダラと話し、自分でも言っていることが分からなくなるというのが最悪である。

Q3 相手の意見を否定してはいけないのか？

A3 頭ごなしに「そんな考え方はあり得ない」「絶対できない」などと否定するのはタブー。物事は必ず二面性、いや、多面性を内包しているものであり、絶対的に否定できることなんて、それこそあり得ないのだ。「逆の意見になりますが」といった表現を間に挟み、自分の意見を述べるようにしよう。

Q4 役割がないが、目立つ方法は？

A4 司会などの役割につけなかった人は、意見で目立っていくというのが本筋。ただし、やりようによっては目立つ方法は他にもある。例えば、引っ込み思案の学生に助け舟を出す、筆記用具のない人にペンを貸す、険悪なムードをユーモアで和ませるなど。チャンスはどこにでも転がっているのだ。

面接のタイプ 4 グループワーク

特徴

5〜10名で構成されたグループにある課題を出し、それを完成させるまでの経緯を観察して各人の人物像を探ろうとするのが、グループワーク。ひとりだけ目立ってもダメだ。協調性や積極性、集団内の役割などもチェックされる。

対策

一緒に合格を目指す態度で臨め

例えばカードに書かれた文書を頼りに犯人を議論するという推理ゲーム的なものから、ブロックを使ってモデル通りの造形物を作成するお遊び的なものまで、形式は様々。ここでは、グループ内の人間をライバルとみなすのではなく、協力し合って一緒に合格を目指そうとする態度が非常に大事だ。ライバルを蹴落としにかかると、あなたが面接官に蹴落とされる対象となるのは間違いないので気をつけよう。

GOOD IDEA?

point ◀

集団内の役割がチェックされる

　グループディスカッション同様、集団内における役割、立場などがチェックされる。内容はテキパキとした行動力、積極性、リーダーシップ能力などなど。グループとしては黙々と作業するより明るい雰囲気を創出したほうが印象がいい。暗い感じだったらあなたが「さぁ、頑張りましょう！」の一言でカツを入れよう。

point ◀

他人を立てることで 自分が引き立つ

　他人の足を引っ張ろうとする人、他人の手柄を横取りしようとする者などをよく見かける。しかし、面接官は、こういったタイプの人間を真っ先に落とすのだ。そうではなく、他人の仕事ぶりを影で引き立てようとする人間こそ、次のステップに進む。面接官は、一挙一動を見ているからごまかしは利かない。

ココに注意

　グループワークに対して「やらされている」と思うことなかれ。「どうしてこんなことしなきゃならないんだ」などと、たいていの場合考えてしまうが、深く考えないこと。**前向きな姿勢で取り組めば面接官の評価も上がるし、あなたも積極的になれてより良い働きぶりを示すことができるようになるだろう。**

プレゼン面接

特徴

事前にあらかじめお題が与えられ、期日までに資料や企画書を作成してプレゼンテーションを行う面接。多くの場合時間制限は設けられず、自由に自己PRできる。ただし、長々と話すのは逆効果。適当な時間を設定する能力も問われる。

対策　→

究極の自己PRの場だ

資料を自由に用意でき、自由に話ができるプレゼン面接は、究極の自己PRの場だと考えよう。お題を通じて「自分のここがいいですよ。採用しないと損ですよ」ということを声高に主張できるのだ。ただし、すべてを自分で設定する必要があるため、創造性が試される場であるともいえる。他の学生もこのプレゼン面接には、手を変え品を変え、やり方を工夫して臨んでくるだろう。あなた独自のユニークな方法を披露してほしい。

point ←

お題についての適切な意見を

　お題となるのは、大学時代の専攻や抽象的なテーマが比較的多い。発表の形式は、パソコンなどでグラフや図、チャートなどを作成し、それを面接官に示して口頭で説明するというのが一般的だ。ここでまずユニークな意見をぶつけよう。もちろん上っ面のプレゼンではなく、お題について適切な意見ができることが大切だ。

point ←

縛りがある場合は
そのルールを死守

　比較的自由なプレゼン面接だが、設定がシビアなケースも企業によってはよくあること。「時間は15分以内、提示できるデータ資料は3つまで、テーマは学業に関することのみ」といった縛りを、会社によっては設けてくる。このとき、データ資料がどうしても4つ必要だとしても、ルール違反は絶対に許されない。面接官は規則に対する意識の高さなども総合的に見ているのだ。

┌─ ココに注意 ─────────────
│
│　自由発言の許されるプレゼン面接だからといって、調子に乗っ
│てジョークばかり飛ばしたりしていると、歯止めが利かずにどん
│どん深みにはまってしまうだろう。また、事前に十分な練習もで
│きてしまうから、どうしても棒読み、朗読になって新鮮味が失わ
│れやすいので、この点も注意すべきポイントだ。
│
└────────────────────────

面接官のタイプと対策

一次面接は主任クラス、二次は課長クラス、三次は部長クラス、そして最終面接は役員クラスといった具合に、面接が進むにつれて面接官の年齢や役職も上がっていく。ここではタイプ別の特徴と、その対策を説明しておこう。

明朗ほがらかタイプ

●**特徴** 学生相手にとても親切。「リラックスしてね」「僕には何でも話してよ」といった類の言葉を、よくかけてくる。人当たりが良く、いつもニコニコ顔の明るいほがらかな面接官だ。

●**対策** 笑顔に気を許してはダメ。相手がだれであろうと、面接官を前にしたら絶対に気を抜かないようにしよう。

無口な書記タイプ

●**特徴** このタイプの面接官は、自分からはあまり発言してこない。「自分について一体何がメモされているのか」と気になり出すと、ペースが乱されてしまう。

●**対策** メモの内容については気にしないこと。メモは精神的に圧力をかけるためのものであり、中身はその場の面接の内容を再現しているにすぎないのだから。

── 「なぜ?」「どうして?」のツッコミタイプ ──

●**特徴** 用意してきた回答に対して、「なぜ?」「どうして?」とツッコミを入れてくる。このタイプに、あやふやな回答は一切通用しない。

●**対策** その場で機転を利かせたアドリブを入れるのが得策。また、突っ込まれそうな部分に関してはあらかじめ確認しておき、ツッコミタイプに備えるというのも有効な手。

── 嫌がらせ圧迫タイプ ──

●**特徴** 「まったくダメだな」「働く気あるの?」「一から出直せよ」などなど。感じの悪い言葉や態度で精神的な圧力をかけてくる、いわゆる圧迫面接官だ。

●**対策** 圧迫タイプだと確認できたら、どんなに厳しく嫌なことを言われても、笑顔で対応すればいい。話題をすり変えるのもひとつの手だ。

── 早口、せかせかタイプ ──

●**特徴** とにかく早口。まくし立てるように言葉が次々と出てくるのが特徴だ。集中していないと質問を聞き逃してしまうので注意が必要だ。

●**対策** スピードスピーカーの場合、こちらがのんびり話していると、どうも噛み合わなくなる。話のペースは合わせたほうが無難だ。

物静かな温厚タイプ

●**特徴** 表現方法の多くは「相づち」であり、学生はつい安心し切ってベラベラと必要以上にしゃべってしまう。

●**対策** 相手がしゃべらないものだからつい、「自分が何か話さなければ」といった気分になる催眠術にかかってしまう。正確な言葉を選んで、質問に対して的確な受け答えをするように。

結論重視の理論派タイプ

UNN…

●**特徴** 学生の話が横道に逸れると、「つまり、どういうこと?」「結論は?」と迫ってくるタイプ。あいまいな受け答えなどに対しても「言いたいことは何?」と厳しく追及してくる。

●**対策** 結論から先に話すようにしよう。余裕があればエピソードなどを追加していく。このタイプには「結論→理由付け」の順序で臨め。

ネガティブタイプ

GUCHI
GUCHI

●**特徴** 仕事のネガティブな面を愚痴るように長々と話し、学生の志望度を見極めようとしている。「仕事って嫌ですよね」などと言ってしまうと、相手の思うツボ。

●**対策** 相手の話に引き込まれないようにすることがポイント。なるべく早い段階で相手の話を終わらせ、自分は仕事がしたいということを、意欲的にアピールしよう。

気さくなフランクタイプ

●**特徴** 「昨夜のジャイアンツ戦、観た?」などと世間話から入るタイプ。しかし、気さくな言葉の裏ではチェックの目を光らせている。学生の化けの皮を剥そうとするのが役目。

●**対策** 気取らないやり取りにはもちろんお付き合いしても、節度をわきまえることが大切。楽しく話せれば、採用されるわけではないのだ。

おどおど、はにかみタイプ

●**特徴** 面接官にもオドオドとしたタイプもいる。はにかんでいて気弱そうだからと舐めてかかると、隣の強気な圧迫系が突っ込んでくるから注意が必要だ。

●**対策** 決して甘くみないことだ。相手は自分の将来を左右する面接官だということを忘れてはならないだろう。丁寧な受け答えを心掛けること。

重役、役員

えらい

●**特徴** 年齢はかなり上のほうであることが多く、父親以上ということも珍しくない。基本的には厳しい接し方はせずに話の内容も「将来の夢」「入社後の抱負」など明るいものとなる。

●**対策** 企業によっては最後の絞り込みを行うということもある。「意気込み」を語り、高いモチベーションを披露しよう。

困ったときの対処法

面接では緊張しない方が珍しい。頭が真っ白になったり、ミスを犯したりすることもあるだろう。しかし致命傷となる失敗なんて、あり得ないのだ！冷静に対処すれば必ず切り抜けられる。

質問内容が聞き取れなかった

緊急レベル 1
0　　　　　　　　　　　100

　　　　緊張状態にさらされると、普段なら聞こえるはずの人の声が、聞き取れなくなるということはよくある。そんなとき、あいまいな返事や適当な回答でごまかすのが最も悪い。「申し訳ございません。もう一度お話いただけますか」と丁寧にお願いすれば、何のマイナスポイントにもならないのだ。

突然頭の中が真っ白になってしまった

緊急レベル 4
0　　　　　　　　　　　100

　　　　事前に何度も練習してきた回答を言おうとしたときに、こうなることが多いようだ。つまり「自己PRをどうぞ」と促された瞬間、「あれ、最初の言葉は!?」となる。対処法は「緊張していまして」と言い、深呼吸する。すると最初の言葉が不思議と思い出され、言葉が続けて出てくるようになる。

厳しい質問に対し、返答に窮した

緊急レベル 3

たくさん汗

いわゆる圧迫面接である。嫌がらせかと思えるくらい厳しい質問を投げかけて、学生を焦らせるのだ。あなたは、「あぁ、これが例の圧迫面接か」と冷静に分析し、堂々とした態度で受け答えすればいい。ムキになって怒ったり、泣き崩れたりすることのないようにしよう。

話のまとまりがつかなくなった

緊急レベル 2

すこし汗

自分でも何を話しているのか見失ってしまったら、とりあえず話を打ち切ろう。尻切れでもいい。そして最初の質問内容を復唱する。「つまり私が御社を志望した理由をまとめますと……」とし、残り10秒で締めること。

分からないことを聞かれてしまった

緊急レベル 3

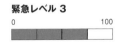

たくさん汗

「ビッグクリーナーをどう思いますか?」。そのクリーナーについて知らないとき、どうすればいいか? 「良いと思います」「デザインが好きです」など適当に答えるのは最悪。詳しく突っ込まれたら、それこそ緊急度はさらに上昇。「申し訳ございません。分かりません」と正直に言おう。あとで調べたことをまとめて人事部宛てにFAXすれば、好印象にも転じ得る。

緊張して冷や汗が止まらなくなった

0　　　　　　　　　　　100

　　「緊張のあまり汗をかいてしまいました。拭いてもよろしいでしょうか」と正直に許可を得る。汗を拭いたから不合格ということには絶対にならない。ただし、汗はハンカチで拭くこと。スーツの袖で拭いたりすると、一気に印象が悪くなる。

面接中に携帯電話が鳴ってしまった

緊急レベル 4

0　　　　　　　　　　　100

　　ビジネスの場で、交渉の場で、携帯電話が鳴ってしまうことなど社会人としては許されない。面接では電源を切っておくことがマナー。もし忘れていて、鳴ってしまった場合には、すぐに電源を切って丁寧に謝ること。ただしこれも即刻不合格となるものでもない。謝り方しだいだ。

緊張して声が震えてしまう

緊急レベル 2

0　　　　　　　　　　　100

　　面接の数をこなすと慣れるもの。場数を踏んで内定をもらい、余裕の精神状態になってから第一志望に望むのが得策。さて、声の震えについてだが、「声を震わさないぞ」と思えば思うほど震えてくる。「緊張のためお聞き苦しいと思いますが」と断ってから答えるようにすればいい。

面接官を
怒らせてしまった

緊急レベル 3
0　　　　　　　　　　　　100

　　　対処法はふたつ。ひとつは、それが圧迫面接ではないか、疑ってみること。圧迫では何気ない一言に怒ったふりをし、圧力をかけてくることがある。この場合は、冷静に受け答えしよう。そうではなくて本当に怒らせてしまった場合は、丁寧に謝ること。冷静さは不要。クールな謝り方などすると、さらに事態は悪化する。

隣の人の意見を
どう思うか聞かれた

緊急レベル 2
0　　　　　　　　　　　　100

　　　まず、自分が発言していないときも面接に参加しているということを忘れないように。この意識があれば、隣の人の発言について自分なりの意見を展開することができる。そしてもうひとつルールは、その人の意見を否定しないということ。自分の意見だけを堂々と述べればいい。

発言する機会が
与えられない

緊急レベル 3
0　　　　　　　　　　　　100

　　　集団面接であるパターンだが、まず面接官は平等だということを思い出そう。あとで機会は与えられる。だが冷静に考えても自分には発言機会が少なすぎると思ったら、タイミングを見計らって「よろしいでしょうか」と訴える。奇襲的だが功を奏すれば積極性が評価され、好評価につながることもある。

セルフチェック

自分に当てはまるものに、チェックしよう

- □ 年上の人間とよく話をする
- □ 会話は聞き役より、話者を担うことの方が多い
- □ プレッシャーには強い方だ
- □ 友人から、おもしろいやつだと言われる
- □ グループ内では、仕切る方だ
- □ 学生時代、クラス委員などの役員を経験した
- □ 異性からの評判は悪くない
- □ 自分は明るい性格だと思う
- □ 目立ちたがり屋だ
- □ 先輩など年上にかわいがられる
- □ 一日に5人以上と電話する
- □ チームワークが大切だ
- □ 本音と建前を使い分けられる
- □ 声は大きい方だ
- □ 初めて会った人と5分で友達になれる
- □ 積極的に人と関わるのが楽しい
- □ 知らない人と話をするのが好き
- □ 人を押しのけるタイプだ
- □ 受験などで面接を経験したことがある
- □ どちらかというと、本番に強い

チェックした数を元に診断結果とアドバイスへ ➡

0～6の人は「面接発展途上型」人間

　当てはまった項目が0から6個のあなたは、「面接発展途上型」人間。物事に対してあまり積極的に取り組んできたことがないから、面接でも消極的になりがち。もともと目立たないタイプだから、多少強引に自分をアピールする勇気も必要だろう。現段階では、面接という形式にあまり慣れてはいないが、場数を踏むことでたくさん伸びる余地も残されていると言える。

7～13の人は「平均的な面接上手」人間

「平均的な面接上手」人間であるあなたは、言ってみれば最も面接をそつなくこなせるタイプ。ただしステレオタイプになりがちで、自分を効果的に売り込めない可能性も。そのためには、もう少し自分を売り込む工夫をしよう。本番前に気持ちを高めて、「いつもより、少し元気な自分」を演出すれば、面接官に強く印象付けられる。

14～20の人 「面接プロフェッショナル」人間

　積極的であり、学生時代にはことあるごとに立候補をしていろんな役回りを経験してきたあなたは、自分を売り込むステージである面接を得意に思うかもしれない。ただし、自信過剰は禁物。あなたのようなタイプが積極性をアピールすると、目立ちすぎる危険があるのだ。もともと目立つのだから、少し冷静になって臨む方が、いい結果が得られるということもある。

vol.1 面接前日～当日の チェックリスト

忘れ物をすると、精神的に余裕がなくなる

　ハンカチがない。携帯電話がない。提出書類がない……。忘れ物の何が怖いかというと、忘れ物をしたという事実が頭の隅から離れず、動揺してしまって面接で本来の力を発揮できなくなることだ。会社への道中、携帯を忘れたことが気になり出すとそのことばかりを考えてしまう。万全の準備で臨んだ場合と比べると、精神的な余裕がまったく違うだろう。ハンカチがないことはさして問題ではない。精神的に動揺してしまうことが、大問題なのである。これを防ぐには、面接の前日から持ち物を用意しておき、忘れ物が絶対にない状態を作っておくことだ。

これだけのものを、 面接当日に揃えられるか!?

　面接に持参するものを以下に挙げてみた。余分なものもあるかもしれないし、独自に必要としているものが抜け落ちているかもしれないので、参考程度に目を通しておいてほしい。

- □ エントリーシートのコピー
- □ 携帯電話
- □ 会社のHPのプリントアウト（地図入り）
- □ 10円玉数枚（携帯の電波が弱い場合に使用）
- □ ハンカチ、ティッシュ
- □ 折りたたみ傘
- □ エチケットブラシ
- □ ストッキング（女子は伝線に備えて）、メイク道具
- □ 時計
- □ 参加票（持参指示のある場合）
- □ 提出書類（卒業見込み証明書、成績証明書、健康診断書など。クリアファイルに入れて折れないように）
- □ 筆記用具（本書）、印鑑（交通費申請時など）

第2章
面接のマナー

面接におけるマナーとは

ビジネスの場に
ふさわしい人間か

　面接では話の内容以前に、言葉づかいや服装、態度などがチェックされる。面接のマナー、もっと平たく言えば社会人としての最低限のマナーが身に付いているかどうかが確認されるのだ。ビジネスの場に、「○○だよね」「○○みたいな」などの学生言葉は不釣合いとされる。カラフルなスーツや特異なヘアスタイルも、特殊な業界を除いては認められない。基本的なマナーができているかどうか、社会人としての資質が問われるのだ。

面接の場以外のマナーも
見られる

　面接官を前にした面接の場では、常識的な学生ならある程度のマナーは守れるものだ。ただし、会社側は面接の場以外のマナーができているかどうかを、厳しくチェックしてくる。例えば待合室に、リクルートスーツを着せた若手社員を潜入させているというケースはざら。「作られたあなた」ではなく、「普段のあなた」のマナーを確認しようとするのだ。ボロが出やすそうなところで、ボロを出さないことが重要なのである。

トラブル時の対処法が
明暗を分ける

　遅刻やダブルブッキングなどのトラブルをどう乗り切るかで、採用、不採用の明暗ははっきりと分かれる。例えば何の連絡もなしに遅刻するというのは、学生では許容されたかもしれないが、社会人としては完全なマナー違反。面接のみならず社会に出ても起こり得る打開策を身に付けよう。

面接官はココを見る

◉ 姿勢

　あいさつやお辞儀、面接中の態度は必ずチェックされる。もし緊張していたとしても、自信のないオドオドした態度は、それだけでマイナス評価になってしまうので要注意！

◉ 言葉づかい

　面接開始当初は緊張感もあり、敬語の受け答えがバッチリだったのに、気を緩めた瞬間「学生言葉」に戻る人が少なくない。こういった場合の多くは、面接官の演技に引っかかってしまった結果だ。面接官がフランクに接してきたとしても、面接だという場を忘れないこと。

◉ 服装・外見

　少なくとも家を出る前と、会社に到着前の2回は身だしなみをチェックしたい。ちなみに服装や外見といった身だしなみで、プラスに評価されることはないが、第1印象をマイナスに見られてしまう場合もあるので気を付けたい。

面接での態度と言葉づかい

〈 面接中の姿勢 〉

背もたれには
寄りかからず少し前のめりに

　イスに深く腰掛けると、あごが上がって態度が横柄に見えてしまいやすい。イスの前側6割程度の部分に浅く腰掛け、少し前のめりになるようにしよう。背筋は伸ばしておく。他の学生よりも前に乗り出すような姿勢でいると、話す内容以前にやる気をアピールできるだろう。男子の場合は、両手は両ひざの上あたりに軽く置く。女子の場合は両手を重ねてひざの上に置くようにするといい。特に男子の場合は足を開きすぎないように気をつけよう。

―Check
- ●イスには浅く掛ける。
- ●背筋は伸ばし、やや前のめりの姿勢で。
- ●手はひざの上に軽く置く。握りこぶしにはならないように。

〈 おじぎの姿勢 〉

言葉と同時にならないよう、メリハリをつけて行うことが大切

　学生が案外きちんとできないのが、おじぎ。あまり意識してやったことがないのではないだろうか。まず、言葉とおじぎの動作は同時ではないということを確認しておこう。「お願いします」と言ってから一拍おき、おじぎする。メリハリをつけることが大切だ。背筋は伸ばしたまま腰だけを折る感覚で頭を下げるようにする。首が下に折れないように注意しよう。そして、腰を45度程度曲げた状態で、一拍止めるように。再度、背筋を伸ばしたまま直立の姿勢に戻るようにする。

Check

- 言葉と動作は同時ではない。言葉を発してから、おじぎする。
- おじぎの際に背筋が曲がる人が多い。背筋は伸ばしたまま、腰だけを折るように。
- おじぎの最も大切な部分は、曲げ込んだところ。腰を曲げた状態で一拍おく。すぐに元の姿勢に戻ることのないように。
- 背筋を伸ばしたまま元の直立の姿勢に。うつむき加減にならないようにすることも大切。

45°

〈 ドアの開閉 〉

必ず「どうぞ」の合図を待つこと
ドアノブは両手で操作すると丁寧

　ノックしてから入室するが、面接官が「どうぞ」という前に
ドアを開けてはならない。合図が聞こえたら「失礼します」と
いってドアを開ける。ドアノブは、両手で握るようにすると丁
寧な印象だ。閉めるときは、面接官に対してやや斜めの立ち位
置となり、ゆっくり閉める。完全に背を向けないようにしよう。

〈 挨拶 〉

挨拶は、社会人としての
資質が問われる第一歩だ

　「お名前をどうぞ」と言われたら、大学名、学部名、自分の
名前を必ずフルネームで述べること。案外多いのが、「○大の
○山です」といって、大学名を省略し、名字しか言わない悪例。
学生時代はそれでも通用したが、社会に出ると認められない。

〈 目線 〉

案外重要なのが目線。そらして
ばかりいると、気弱に見える。

　まったく目を合わせなかったり、終始うつむいていたりする
と、それだけで自信のなさそうな印象を与えてしまう。不自然
なまでに面接官とアイコンタクトする必要はないが、やる気が
みなぎる視線を工夫し、面接官に送るのが大切。

面接で間違いやすい表現

誤		正
①専門は経済というか経営で	→	専門は経済というよりはむしろ経営で
②ワタクシ的には、良いと思います	→	ワタクシといたしましては、良いと思います
③明日連絡します	→	明日ご連絡してもよろしいでしょうか
④御社の方に伺いまして	→	御社に参りまして
⑤この間はありがとうございました	→	先日はありがとうございました
⑥あとで行ってもいいでしょうか	→	のちほど伺ってもよろしいでしょうか
⑦御社みたいな大企業で	→	御社のような大企業で
⑧子供のころから編集者に憧れていて	→	子供のころから編集者に憧れておりまして
⑨食べれないものはありません	→	食べられないものはございません
⑩大学の教授がほめてくださいまして	→	大学の教授にほめられまして
⑪母がおっしゃるには	→	母が言うには
⑫昨夜は頭痛が痛みました	→	昨夜は頭痛がしました
⑬口をにごすわけではございませんが	→	言葉をにごすわけではございませんが
⑭的を得た考えだと思います	→	的を射た考えだと思います
⑮二の舞を踏みまして	→	二の舞を演じまして

面接での服装・身だしなみ

男子学生のチェックポイント

【頭髪】
清潔感を演出できる短髪がいい。長髪までいかずとも、中途半端に伸びた短髪もNG。色は黒色が基本となる

【スーツ】
紺、グレー、黒系のシングルスーツ。3つボタンでも2つボタンでも可

【ズボン】
アイロンをかけ、折り目が入っている状態にしておく。ベルトも太すぎず細すぎずのもので、黒や茶色を選択

【靴】
シンプルなデザインの革靴で、スーツに合わせた黒や茶色がお勧め。デザイン以前に磨いておくことを忘れずに

【ネクタイ】
これもスーツに合う常識的なものを選択

【えり元】
ワイシャツは白が基本。えりには汚れがないように

【すそ】
すそは、短すぎるとかなり不恰好。また、下からのぞく靴下は、白は×

女子学生のチェックポイント

【メイク】
濃すぎるメイクは新入社員らしくない。ノーメイクも礼儀知らずだ。いわゆるナチュラルメイクがお勧め

【頭髪】
派手に染めている人は、なるべくなら黒に染め直したい。長い髪は後ろで束ねるなどし、重くならないように

【スーツ】
黒、紺、グレー系の落ち着いた色をセレクト。ブラウスは、リボンやフリル付きは面接の場にはそぐわないのでNG

【手】
ネイルアートは落とし、長い爪は短く切っておくこと。指輪も不要。手入れして健康的に見える工夫をしよう

【靴】
就職活動はよく歩くので、歩きやすいものを選択。落ち着いた色で、ヒールの高すぎないパンプスがいいだろう

【ストッキング】
肌に近い色を選択。伝線に備えて予備は必ず持っておこう

〈ツボを押さえて第一印象アップ！〉

1.スーツはダブルではなくシングル

リクルートスーツの基本は3つボタンのシングルだ。時々ボタンを3つともとめている人がいるが、一般的には正しい着こなしとはいいがたい。上の2つだけをとめるように。

2.女子はスカート、パンツいずれも可

女子のスカートは、着席したときに、少しひざが出るくらいの着丈だと望ましい。業界・職種・社風・自分らしさを考えてパンツの選択も可。

3.スーツのしわ、ボタンの取れかけに　要注意

正しいスーツを選んだとしても、そのスーツがしわだらけだと、やはり印象が悪い。また、ボタンが取れかけていたりすると、それだけでだらしのない人間だと判断される。

4.カバンはビジネスバッグを用意

男子に比較的多いが、時々通学に使っているようなリュックタイプのカバンで来る学生がいる。NGだ。社会人になっても使用できるビジネスバッグを用意し、面接に臨もう。

5.メガネに工夫すると、　印象がガラリと変わる

メガネは人の印象を、良くも悪くも大きく変えるツール。スーツに身を包んだら、それに合うシンプルなものをチョイスしよう。ファッション性の高いものはスーツと不釣合い。

服装・身だしなみの悩み相談

自分みたいな大きな体格でも 3つボタンのスーツが いいんですか？ ちょっとキツイんですけど……

面接官は服装に関して、清潔感と似合っているかを見ている。3つボタンが主流とはいえ、ボタンをしにくいようなら2つボタンでも問題ない。

ファッション業界って どんなスタイルでキメていけば いいのかな～？　地味だと目 立たないよね…

服装が自由なら、自分の志望するブランドやショップが出しているものを、ひとつ身につけるといい。また、自分のポリシーが映し出される個性的なスーツやファッションは、面接官に大きな期待を持たせる。自由な服装ほど、一層中身も問われるのだと考えよう。

シチュエーション別マナーガイド

会社に到着したときから勝負は始まっている

会社到着

| 受付 | 見られていないと思っている状況こそ、気を抜くな。 |

| 待合室 | 面接官には、「待合室でこそ学生の素顔が見られる」と考えている人が少なくない。 |

| 入室 | 第一印象を決定する重要な瞬間だ。 |

面接

| 退室 | 緊張感が一気に解けるこの瞬間に、油断してマナーがおろそかになる学生が多い。 |

| お礼状 | 多くの学生が出さないからこそ、出したら一気に他を引き離せる。 |

〈 受付 〉

受付の女性こそ第一の面接官。いい加減な態度の学生は、即刻不採用

受付の女性や会社の警備員などには、挨拶すらしないという学生も少なくない。しかし、面接の第一ラウンドはすでにそこから始まっている。面接中のあなたは、練習を重ねてきた「作られたあなた」だということは、面接官は百も承知。「本当のあなた」を見るために、受付から見られているということを忘れないようにしよう。

Check

受付嬢が人事担当者への連絡係となっていることも少なくないので気を引き締めよう。コート類は建物を入る前に脱いでおくのがマナー。受付で丁寧におじぎする。よく、歩きながら頭を軽く下げるだけの挨拶で済ませようとする人がいるが、そういった軽い態度は確実にチェックされるので要注意。大学名と氏名はフルネームで。「○大の○田です」と、略称や名字しか名乗らないのは不十分。

好感度アップのツボ

受付の女性は、面接に来た学生に対して資料類を手渡すことがある。このときの受け取り方が、好感度アップのツボとなる。カバンはいったん床に置いて、両手で資料を受け取るようにしよう。そして、片手で資料を胸元に抱え、女性の場合はひざを、男性の場合は腰を折ってカバンを再び持つようにする。もちろん、受け取ってから「ありがとうございました」の一言を添えるように。

〈 待合室 〉

学生の素顔が
最も表れる部屋。
若手社員の見張りもあり得る

　会社によっては若手社員にリクルートスーツを着させて、待合室の様子をチェックしているというから気が抜けない。特に友達同士で受けにきている人たちに多いが、喫茶店にいるノリで話す学生も少なくないというから驚く。メールのやり取りをする、タバコを吸う、音楽を聴く、漫画や雑誌を読むなどはすべてNG。

---**Check**---

　エントリーシートの情報を元に面接官は質問を投げかけてくるのだから、待ち時間は無駄な時間ではなく、エントリーシートをチェックできる重要な復習時間と考えるべき。または、お決まりの質問に対する回答を頭の中で復唱しておくのもいい。自己紹介と志望動機は何度復習してもしすぎることはないだろう。

---**好感度アップのツボ**---

　先述したとおり中には若手社員が潜んでいるのだから、彼らにサイレントアピールするのもひとつの手だ。他の学生の前を通るときに、「失礼します」と声を掛ける、待合室のドアをくぐるときにも、一礼するなど。そういう何気ない行動が見られているのだ。

〈 入室時 〉

第一印象を決める重要な瞬間。立ち居振る舞いをチェックされる

　毎年数十人、数百人と学生を見ている面接官たちは、学生が入室してきたときの態度を見て、時間にするとわずか5〜10秒程度で、おおよその見当がつけられるという。ノック、挨拶、礼、着席。立ち居振る舞いを見て人を判断できるのだ。まずノックがないなど最低限のマナーが守られない人間は、即刻不合格になる可能性も高い。

Check

　名前が呼ばれたら必ずノックし、「どうぞ」と言われてからドアを開ける。「失礼します」と言って入室しよう。ドアノブは、両手で握るようにすると丁寧。そしてドアを閉めることを忘れないように。面接官の方に向き直して一呼吸置き、「よろしくお願いします」と一礼。イスの横に立ったら、大学名、学部名、氏名をフルネームで告げる。そして「どうぞ」の一言があってから着席するようにする。

好感度アップのツボ

　入室時のみならずすべての行動において言えることだが、言葉と行動は一緒にしてはいけない。「失礼します」と言いながらドア開けるのではない。「失礼します」と言ってから、ドアを開けるのだ。「お願いします」と言いながら一礼するのではなく、「お願いします」と言ったあとに、一礼する。好感度アップというより、守らなければ好感度ダウンしてしまう。

〈 退室時 〉

終わりよければすべてよし。
退室時にも気を抜くな!

　多くの学生が気を緩めがちな退室時だからこそ、面接官は監視の目を一層光らせる。面接で言いたいことが言えたからと安心し切って、退室の挨拶を忘れたりすると一気に印象が悪くなるだろう。同じくらいの評価を受けている学生がいるとしたら、この一件であなたが落とされることになる。退室の仕方いかんで、あなたが次のラウンドに進めるか決まることも…。

Check

「退室して結構です」と告げられたら、まずその場で「本日はどうもありがとうございました」と、座ったままお礼を述べる。その後立ち上がり、「失礼します」と言ってから一礼。ドアに向かい、ドアの前に来たら面接官の方を向き直して、もう一度「失礼します」と言って、一礼する。ドアは、大きな音を立てないようにして、できるだけ静かに閉めるようにしよう。

好感度アップのツボ

　入室時は当たり前にできるが、案外できないのが退室時の挨拶。そして、立ち居振る舞いに差が出るのもこの退室時。おじぎの仕方、荷物をまとめるときのしぐさ（まごついたり、忘れ物をしたりするのは無論印象が良くない）、去り際の面接官に向かう表情などに、人間性が表れる。質疑応答が終わったあとに、もう一度気を引き締め直そう。

〈 お礼状 〉

最後に差をつける決定打。
一通のお礼状が明暗を分ける

　お礼状は絶対に書くようにしよう。肝心なのは、内容よりもその早さ。面接官の記憶にあなたが残っているのは面接日より3日目までで、1週間後のお礼状は「だれだっけ？」となるだけだ。ハガキ、手紙、Eメールなど手段はどれでも良いだろう。何も長文を書く必要はないし、凝った面白い文章を創作する必要もない。それよりも早さがポイントとなる。

Check

　当然だが宛先、宛名は正しく書く。内容以前にこういった部分に誤字脱字が目立つと、お礼状も逆効果に。手紙の場合は、時候の挨拶、拝啓、敬具は必須だがEメールでは不要。冒頭に「面接のお礼がしたくてメールを送らせていただきました」といったように、用件を簡潔に書く。

好感度アップのツボ

　企業、部署宛の場合は「御中」、面接官に直接送る場合は「様」を使う。株式会社や有限会社は㈱、㈲などと省略しないように。また、内容はできれば社交辞令だけではなく、面接で感じたこと、今後の抱負などを盛り込みたい。字はきれいである必要はないが、丁寧に書くこと。Eメールの場合は文字化けするような記号は使わない。絵文字はもちろんNGだ。

トラブル時におけるマナーガイド

トラブルはあって当然。そのときの対応の仕方が大事だ

トラブルを不測の事態だから仕方がないと考え、何も策を講じずにいるというのは最も悪い。寝坊、道に迷う、電車が遅れる……などトラブルはつきものだが、トラブルにうまく対処した学生を評価して、採用を決めた面接官もいる。最後まで全力を尽くそう！

〈 遅刻 〉

遅れると分かった時点ですぐに連絡を入れるのがマナー

「遅れますが、30分後に必ず伺います」と連絡を入れよう。確実な到着時刻も告げる。筋を通せば会社も時間調整してくれるはず。この手順さえ間違えなければ、挽回は可能だ。

―言い訳サンプル ―

前の会社の二次面接が延びてしまいまして、大変申し訳ございません。お約束より30分ほど遅れますが、14時30分には確実にお伺いすることができます。大変ご迷惑をおかけしていることは承知しておりますが、私にとって御社は、絶対に譲りたくない第一志望でございます。何卒面接させていただくチャンスを与えてはもらえませんでしょうか。

〈 ダブルブッキング 〉

基本的にキャンセルはしない。
時間の調整をお願いしてみよう

予定の重複ができた場合、安易に面接をキャンセルしない。会社に丁寧に説明すれば、時間調整の便宜を図ってくれる。志望者は会社の将来を担う人材。ぞんざいな対応はしないはずだ。

━ 言い訳サンプル ━

その日は大学のゼミで中間発表があり、お伺いすることができません。御社の面接を優先させたい気持ちですが、学生である以上は学業をおろそかにすることは本意ではありません。どうか日程調整をお願いできませんでしょうか。お日にちをずらせないのであれば、その日の最後に組み入れてください。ゼミの発表を調整し、必ず伺います。

〈 キャンセル 〉

転んでもただでは起きない。
キャンセルも次に活かせ！

家族の急病などでどうしても面接を受けられない。会社も日程の調整がつけられない。こんな場合はキャンセルということになるが、単なる「お断り」で終わらせないように！

━ 言い訳サンプル ━

父が急病に倒れ、本日の面接にお伺いすることができなくなりました。御社でも日程調整できないということであれば仕方ありません。ただ、私は御社を諦め切れない思いです。もし今後チャンスをいただけることがあるのであれば、ぜひお声をおかけください。父の体に回復の兆しが表れたら、一度連絡させていただきたいと思います。

セルフチェック

自分に当てはまるものに、チェックしよう

- ☐ ヘアスタイルの乱れを気にする
- ☐ ファッションにポリシーがある
- ☐ 髪の毛は染めている
- ☐ 外見が個性的だと人からよく言われる
- ☐ 話題になっている店によく行く
- ☐ 靴は5足以上持っている
- ☐ 昨年の服は流行遅れだと思う
- ☐ 整髪料を使用する
- ☐ ブランド品を持っている
- ☐ ファッション雑誌を定期購読している
- ☐ 行きつけの美容室、美容院がある
- ☐ 二日続けて同じ服を着るのは格好悪い
- ☐ 鏡があると、つい覗き込んでしまう
- ☐ クシをいつも携帯している
- ☐ だれかの髪型をマネしたことがある
- ☐ 雑誌と同じファッションをしたことがある
- ☐ 洋服の試着に1時間以上かける
- ☐ どちらかというと清潔な方だ
- ☐ なんでも最新式が好き
- ☐ 人目を気にする方だ

チェックした数を元に診断結果とアドバイスへ ➡

0〜6の人は「ファッション無頓着型」人間

　当てはまった項目が0から6個のあなたは、「ファッション無頓着型」人間。細かいところに気を配れていないことが多いようだ。スーツがしわになっていないか、ボタンが取れかけていないか、ポケットに物を詰め込みすぎて膨らんではいないか。このタイプは、そういった部分の見逃しが多い。

7〜13の人は「常識的なファッションセンス」人間

　「常識的なファッションセンス」人間であるあなたは、きっと一般的なリクルートスーツを選んで、身なりにもある程度気を使い、無難な就職活動をするだろう。外見でその他大勢より一歩抜きん出るなら、服装ではなく、例えば簡易エステで肌の色つやを整えるなども選択肢のひとつ。最近は男子でもやる人が少なくないようだ。

14〜20の人は「ファッション意識しすぎ」人間

　このタイプは普段からファッションにうるさい人たち。地味なリクルートスーツだと満足できず、つい服装に個性を出したがる。このタイプは、自分が思う最も地味な服装で面接を受ければいい。それでもどこかに、自然と個性が浮き出てきてしまうのがこのタイプだ。

就職活動
役立ちグッズ

会社のHPから資料請求する時代。PCは必須!

　就職活動でなくてはならないものが、パソコン（PC）。正確には、インターネットにつなげられる環境だ。今では、会社のホームページ（HP）から資料請求をしたり、エントリーの申し込みをしたりする時代。向こうも、学生が会社のHPくらいは見ていることを前提としているところがあり、面接では平気で「当社のHPについて、どう思いますか」と聞いてくる。フェースブックやツィッターのPRや書き込みなどをチェックしておくとさらに安心だ。つねに最新の情報を得たいと考えているなら、スマートフォンやipadなどを持っておくと便利だろう。

面接会場で知り合いになった
人脈を大切に!

　上のインターネットの話ではないが、今の就職活動は情報戦である。ただし本当に有用な情報はネット上にはなく（みんながアクセスできる情報がそれほど有用であるはずがないし、デマも多いので過信は禁物）、面接会場で知り合いになった人たちによる口コミ情報が有効。そして人脈を広げるのに役立つのが名刺である。入社する前に自分の名刺を作っておくことをお勧めする（手書きも可）。名前、電話番号、メールアドレスなどを書いた名刺を携帯しておくと、知り合いになった人に素早く渡せて便利。また、SNSなどでその会社に入社した先輩などを探して、いろいろと教えてもらうのもひとつの方法。先輩が直接の知り合いでない場合は、決して失礼のないように、最初に丁寧にその旨を伝えることが大切だ。人脈を広げて盛んに情報交換できる環境を作り出そう。

第3章
自分に関する質問と回答

自己PRで自分を売り込む

「自分の言葉」で
自分の強みをアピール

「あなたの長所は何ですか？」「あなたの特技は何ですか？」「資格は持っていますか？」など、あなたに関することが様々聞かれる。質問内容は多様だが、要は、「あなたの自己PRをしてください」ということなのだ。ここで、他人にはない自分だけの強みをアピールすることが大切だ。ありきたりな回答では、五万といる志望者の中から抜きん出ることはできない。

具体的に語ることで
信憑性が生まれる

　自己PRの際に「好奇心旺盛」「積極的」「リーダーシップがある」などと言葉を羅列するだけではダメ。「私は責任感と実行力があり、分析力にも優れた思いやりのある人間です」などと答えると一発でアウトだ。こんな素晴らしいはずの人間の、一体どこがダメなのか？　この話には具体性がない。だから信憑性がないのだ。アピールポイントは絞り込み、体験談を交えつつ具体的に語ることが大切。そうすることで真のあなたが見えてくる。

PRできるポイントがない？

　自分をPRできるポイントがないと悩んでいる学生が、意外と多いものだ。しかし、物事には必ず二面性があることを忘れてはならない。「消極的」といってしまえばマイナスイメージだが、「慎重派」と言えばプラスに転じる。「ネクラ」は「思慮深い」、「忍耐力がない」は「好奇心旺盛」などとすれば、何だってプラスになるのだ。これは、「嘘を言え」ということではない。あなたにも確実に、プラスの面が存在しているということだ。

面接官の好感度を上げるには

印象に残るような表現を使う

　面接は「印象に残った者」勝ちである。しかし、そのために一発芸を用意する安易な考えは、逆効果だろう。芸に頼らなくても固有名詞や数字といった、頭に残るキーワードを入れるだけで話は残るもの。「趣味は旅行です」と「趣味はヒッチハイクだけで日本全国を見て回ることです」のどちらが、面接官が興味を持ち印象に残るかは明らかだろう。

失敗しても気にせず気持ちを切り替える

　答え方のミスを引きずってしまう人がいる。しかし面接官は決してひとつもミスを許さない訳ではない。ミスや指摘に意気消沈してしまう方が問題なのだ。開き直って次の質問で挽回する意識や姿勢を、面接官にアピールすれば好感度のアップにもつながる。面接は一発勝負だが、合否はトータルで判断されることを忘れないように。

あなたの自己紹介を してください

◉ ココが見られる

会社に自分を知ってもらうための自己紹介だから、友達同士で交わすそれとは当然訳が違う。性格や趣味の話に終止せず、それらを仕事にどう結び付けるかを語ること。本質は自己PRだ!

アピールポイント

自分の強み、長所を 具体的に語れ

サンプル
・プラス思考
・積極的行動派
・活力溢れる人間

回答の公式　　　分析　+　エピソード　+　展開

分析

自分のことを客観的に語る 分析力が大切

選択肢
・正確な自己認知
・他人にはない長所
・強みを裏付ける自己分析
・友人からの意見

エピソード

強みを武器に、最高の 成果が出せた経験を語る

選択肢
・困難の克服
・人間関係の構築
・受験合格の要点
・趣味、特技

展開

持てる強みを、 仕事にどう展開して いけるかをアピール

選択肢
・仕事をやり通す力
・つらい仕事の遂行
・仕事を楽しめる性格

OK回答例

　私は基本的にポジティブ思考の人間で、物事の明るい面を見るような癖が、小さな頃から自然と身に付いていました。くじけそうになったら、「この失敗を必ず成功の糧にしてみせる」と自分を鼓舞。そうやって今まで困難を乗り越え、ハードルをクリアしてきました。同級生たちが推薦などで大学が決まって行く中でも、「一般受験という大きなハードルを越えることで、ひと回り成長できる」と考え、周囲が遊んでいる中、受験勉強に前向きに取り組むことができ、志望校に合格できたのだと思います。何事もポジティブに考えることで、本質をとらえることができ、より成長できるのではないかと考えています。

Key word

①プラス思考の好例。分かりやすく説明できている。推薦入学はできなかったものの、成功談にしてうまくまとめている。

NG回答例

　自分はポジティブな人間です。明るく、人を笑わせるのが大好きで、大学でもいつもギャグを言っては、教室を笑いの渦に巻き込んでいます。お調子者と言われることもありますが、コンパや飲み会などでは重宝がられる人気者です。カラオケなども得意です。こんな人間がひとりいると、職場の雰囲気も華やぐのではないでしょうか。

Check

　会社はお調子者を、あまりありがたく思わない。明るい考え方ができるのはいいが、社会に出ると笑ってばかりいられないのが実際。現実感の希薄な学生といった印象を持たれかねない。

OK回答例

　好奇心旺盛だと、周囲の人からよく言われます。一度興味を持ったことはとことん追及するタイプですが、興味を失うことなく対象に没頭し続けられるのは、持って生まれた強い好奇心のおかげだと思っています。今はコンピュータに関心があり、マシンを自作して使いこなせるようにまでなりました。自作することで、市販品を買うより安くあげられる、自分の求めるとおりのスペックを手に入れることができる、コンピュータについての理解が深まるなどのメリットが生まれます。好奇心があるからこそ物事に対して意欲的になれる。仕事にも好奇心をフル活用してあたります。

Key word

①具体的論拠があっていい。ここで、他の志望者とは違うユニークな話題をどれだけ提供できるかが、印象に残る人間かそうではないかの明暗を分ける。

NG回答例

　好奇心旺盛と人からよく言われます。幅広く興味を持ち、何でもやってみたくなるタイプ。この性格ですので、スポーツや音楽、文学などの多ジャンルに渡って豊富な知識を身に付けることができました。アルバイトも職種を問わず数多く経験してきましたので、培った経験を仕事に活かしたいと思っています。

Check

　学習したことやバイトの経験を羅列するに止まっている。これでは移り気だと解釈され、せっかくの好奇心がマイナス評価されかねない。興味深い話に展開できそうなエピソードを具体例としてひとつだけ挙げ、そのことについて詳しく話そう。

OK回答例

　所属していたフットサルのサークルでは、後輩に信頼されていたと自負しています。下宿の面倒を見たり講義ノートを貸してあげたりと、サークル活動以外のサポートが信頼性を獲得できた理由だと、自分では分析しています。練習中に後輩が骨折したときには、1kmほどおぶって病院に連れて行ったこともありました。その後輩は「恥ずかしいから」と言って遠慮したのですが、私は「そんなことを言っている場合ではない」ということを説明。少しでも早く診てもらわなくてはならない複雑骨折だったのです。信頼はお金では買えないものです。この性格を大切にし、仕事にも役立てていきたいと考えています。

─*Check*
　後輩から信頼性を得られた理由について分かりやすく説明できている。ケガ人をおぶって病院に連れて行ったくだりは、信頼性を裏付けるエピソードとして十分効果的だろう。

NG回答例

　後輩達に「アニキ」と呼ばれ、慕われる性格から信頼できるとよく言われています。野球やサッカー観戦に行ったり、ドライブに出かけたりとよく一緒に遊んだりもしました。面倒見はいいほうだと思います。人に何かしてあげることに喜びを見出せるタイプです。仕事も、献身的な姿勢を常に忘れずに励んでいきたいと思っています。

─*Check*
　社交的であることは分かるが、そこ止まり。「アニキ」「遊ぶ」などの言葉が幼稚で、信頼される器ではない印象だ。難しい言葉を使う必要はないが、もう少し表現に工夫がほしい。

自分に関する質問

あなたの自己PRを
してください

回答の公式　P62参照

◉ ココが見られる

　他人にはない、自分だけのPRポイントは何？　これだけは絶対
誰にも負けないという性質のもの。夢中になってできること。心底
好きなこと。得意なこと。一番高く売り込めるものを話そう!

OK回答例

　アイデアマンだと、周囲の人からよく言われます。例えば、
部屋が散らかって仕方がないと嘆く友人の部屋を、私は空き箱
を使って1時間で整理したことがありました。スペースがない
のではなく、無駄なスペースがあったのです。それらを減らせ
ば使えるスペースが自然と増える。単純なことですが、逆転の
発想を有効利用した一例と言えるのではないでしょうか。

　仕事でも同様で、場所を時間に置き換えれば作業効率を上げ
ることになりますし、お金ならば無駄なコストの削減にもつな
がります。色々な分野にアイデアを応用することで、業務に貢
献したいと思っています。

NG回答例

　発想力豊かなアイデアマンだと自負しています。あることに
ついて集中して考え出すと、アイデアが止まらず出てきてノー
トに書き留めるスピードが追いつかないほどです。親や友人か
らも、困ったことがあったときに、「何かいい解決策はないか」
とよく頼りにされたりもしました。

Check

　その考え出すと止まらないというアイデアを、ひとつで
もいいから具体的に話さなければ信頼性は得られない。

OK回答例

　目標達成のために労力を惜しまない努力家です。受験勉強では一日10個の英単語を覚えることをノルマとしました。そして本当に、1年で3650個の単語を記憶することに成功したのです。一日10個というと簡単そうに聞こえるかもしれませんが、受験勉強はこれだけではありません。他の教科もこなしながらの作業なので、楽ではなかったと思います。この経験を通じて私は、継続は力だということを、改めて実感できました。おかげで英語は今でも得意です。コツコツと努力できることの大切さは、受験も仕事も同じではないでしょうか。私のこの性格こそ、他人にはないアピールポイントだと自負しています。

Check

　努力家であることをうまく説明しながら、英語が得意であることも、それとなくアピール。直接的に「英語が得意です」というよりも強く印象に残る。

NG回答例

　私は、コツコツタイプの努力家です。亀の歩みと言われることもありますが、一つひとつをゆっくりミスなくできる慎重なタイプだと自認しています。焦ってやって失敗するよりは、じっくりと取り組んで確実な成功を目指す性格です。地道な作業も嫌いではありません。忍耐強いところが、私の強みと言えるのではないかと思います。

Check

　慎重な性格であることはいいとして、どこかノンビリとしたヤツだという印象を与えかねない。マイナス評価の下されそうな言い回しは、避けたほうがいいだろう。

OK回答例

　自分から率先して物事にあたるタイプです。何か担当を決める際には、他の誰よりも先に挙手して立候補し、活躍できる場を広く求めることが多かったように思います。生徒会で、小・中学生のときは生徒会長を、高校生のときは書記を務めました。大学時代は大学祭実行委員長を経験。インターネット回線を利用して、他の大学と環境問題に関するシンポジウムを開催することに成功しました。そのためか、友人や後輩、そして先生方からもリーダーシップがあるとよく言われます。この積極的な行動力を仕事にも転用し、自分から率先して業務に取り組んでいきたいと考えています。

Check

　積極性のある人材は、いつの世も常に求められている。指示待ち族を部下に持つ面接官たちも、それを感じているに違いない。進んで事を行う性格なら、そのことを強く訴求しよう。

NG回答例

　積極性があり、どんなことでも進んでやりたいと思う性格です。掃除や買物、お茶くみなどの雑用を命じられても、嫌な顔ひとつせず取り組めるところが、私の長所だと考えています。みんなが嫌がる仕事を率先して遂行し、会社のために役立てるようにしたいと思っています。

Check

　確かに雑用も大切な業務のひとつだが、会社は雑用係を求めているわけではない。それは代わりにできる人がいるだろうし、あなたでなければならない理由もないはずだ。面接の場では、他人にはない自分だけの強みを語るべき。

OK回答例

　エクササイズが趣味であり、体力と健康にはかなりの自信があります。ただしそれ以上に、そのエクササイズを三日坊主で終わらせることなく、すでに5年以上続けている持続力と精神力の強さが私の自慢です。ほぼ毎日スポーツクラブに通い、ウエイトトレーニングマシンを1時間、水泳を1時間ほどこなします。「今日はさぼりたい」と思う日もありますが、そうすると自分を甘やかすことになってしまう。さぼりたいときに頑張れるかどうかが、抜きん出た存在になれるかどうかを決めるのだと考えます。取り柄は、健康、体力、精神力。この3本柱を武器に、仕事をバリバリとこなしていきたいと考えています。

Key word

①エクササイズ＝健康だと短絡的に結び付けていない。エクササイズで持続力を鍛錬できたと述べているところがユニーク。

NG回答例

　テニスをするのが趣味で、毎週末には仲間と必ず、3時間以上プレーするスポーツマンです。ときには休憩をまったく入れずにプレーし続けることもあります。また、読書家でもあり、1冊を平均して2〜3日で読破します。テニスを通じて得られた体力と、読書により獲得した知識は、仕事にも大いに役立つのではないでしょうか。

Check

　趣味を通じて得られたことについて、もっと具体的に述べてほしい。趣味そのものについても、もっと突っ込んだ話を。どんなプレーをするのか、どんな本を読むのか、見えてこない。

自分に関する質問

あなたの長所と短所に
ついて説明してください

長所だけだと自慢話になりかねない。短所も冷静に見つめられる分析力に評価アップの要点があるのだ。本当の質問意図は「長所はさておき、あなたは自分の短所をどう見つめているか」ということ。

アピールポイント

前向きな性格であり
意欲的であること

サンプル
・逆境に強い／自分に甘い
・集中力がある／息抜きベタ
・強い責任感／完璧主義

回答の公式

エピソード ＋ 分析 ＋ 自省・発展

エピソード

面接官に、その場の光景をイメージさせる

選択肢
・アルバイト
・趣味、サークル
・失恋
・人生の修羅場

分析

独りよがりの主張だと、信憑性に欠けることも。大切なのは客観性

選択肢
・生い立ち
・親の意見
・友人の意見
・教授のアドバイス

自省・発展

短所改善のため、どのような努力をするのか

選択肢
・マイナス面の克服
・仕事での生かし方
・長所を伸ばす

OK回答例

　私の長所は逆境に強いところです。追い込まれるほどやる気が溢れる起死回生型の人間。ピンチを楽しめる性格だと自負しています。ただ、追い込まれないとやる気に欠けるところがあり、この点は改善すべきだと自認しています。レポートの提出も、時間があると思うとなかなか着手できないことがあったことも事実です。そんなときは、「提出期限は明日だ」と自分に暗示をかけて、重い腰を上げるように努力しました。すると、俄然やる気が湧いてきて、スピードアップできるのが私の性格なのです。自分を敢えて負い込む状況を創出し、自分を甘やかさないように、常に心掛けるようにしています。

Key word

①長所の裏返しが短所になることについての理解を示した。
②締め切りを設定するための手段がユニーク。面接官も興味を
　持つだろう。

注意! 回答例

　気持ちの切り替えが早いところが私の長所です。大学に入学して中国語サークルを作りましたが、最初は部員がまったく集まらず途方にくれました。そこで流行の歌謡曲を流して発音の美しさをアピールしたところ、しだいに仲間が増えて今では部員20名を超えるサークルに成長しています。この経験でひとつの方法に固執せず、柔軟に発想を切り替えることの大切さを確認できました。

Check

　長所の説明に関しては経験談を交え、申し分ない。しかしこの回答例には短所についての説明が欠けている。せっかくの好回答も面接官の質問にすべて答えなくては評価されない。

OK回答例

　長所は抜群の集中力があることです。寝食を忘れるとよく言①
いますが、本当に1日中ぶっ通しでゼミの課題に取り組んだこ
ともありました。ただ、集中すると周囲が見えなくなるという
短所があるのも事実です。勉強中は、誰かに声をかけられても
気づかないことがしょっちゅうで、肩を叩かれてようやく思い
が及ぶということも、少なからずあります。没頭できるのは良
いことである反面、能率の低下を誘発することもあります。トー
タルで考えると労多くして功の少ない結果になることも。疲②
れていなくても息抜きを入れることが、これについての解決法
です。そうすることで能率は確実に高められると思います。

Key word

①常套句を使うのは印象に残りやすく効果的。
②自分なりの短所の解決法を見つけられており、この時点で短
　所を実質的に克服していると言える。

NG回答例

　私の長所は、集中力があることです。特に、サッカーやゲーム
などの好きなことをやるときには、人並み外れた集中があると
人からよく言われています。テレビゲームを朝までやり続けるこ
とはしばしばです。決して褒められたことではないのかもしれま
せんが、これも集中力のなせる業ではないかと、自分では解釈し
ています。集中しすぎて疲れてしまうこともありますが、一晩寝れ
ばだいたい回復します。

Check

　好きなことに集中できるのは、ある意味当たり前だ。苦手な
ことも工夫により、集中力を維持できるという話をしよう。

OK回答例

　向上心を忘れないというのが私の長所です。目標を掲げ、日々自己研鑽することに精進しています。ただ、目標が高すぎるとないものねだりにもなりかねない。それが私の短所でした。目標は高からず低からずのところに設定し、高さを徐々に上げていくというのが、目標達成のための確実な方法なのだと気付きました。いきなり英検1級を目指すのは、ほぼ不可能でしょう。私は高校時代に、スロースタートですが3級から始め、今では準1級を取得するに至っています。念願の1級取得も、あと一息です。無理のない範囲でステップアップしていくことを、心掛けるようにしています。

Check

> 　向上心は強力なビジネスツールになり得る。この回答例は、自分なりの目標達成法を語っているから、それにより努力型の人間であることも主張できている。

NG回答例

　長所は好奇心旺盛で、積極的。リーダーシップを発揮できる人間であるところです。大学時代はゼミの代表を務め上げ、大役を果たすことができました。ゼミの代表を経験したことで、協調性も育めたのではないかと思います。このような私の長所を、仕事にも活かしていければ幸いです。

Check

> 　素晴らしい長所の持ち主だが、羅列することが信憑性の欠如を招き、話を嘘っぽくしている。もっと具体性が必要。例えばゼミの代表を務め上げたのなら、そこで獲得した成果、または苦労した経験、失敗談などについても触れるといいだろう。

あなたの性格を 一言で表現してください

回答の公式　P70参照

◉ ココが見られる

長所、短所も含めた客観的な自己イメージを、自分の言葉で表現できるかが問われている。自分の志望する企業の業務内容と性格との適合性が、あるかどうか判断される重要質問！

OK回答例

「熱しやすく、冷めにくい」が私の性格です。自分がやるべきこと、自分に任されたことは最後まで遂行し、完成させたいタイプだと思います。ゼミでグループごとに研究課題が出されたときも、率先して資料集めから、担当の割り振りや内容の取りまとめまで行っていました。そのために責任感があると、ゼミ仲間からよく言われます。ただ、完璧にやろうとしすぎる面も持ち合わせているので、融通が利かないと指摘されることも事実です。グループ作業では何よりチームワークが大事ですので、この点は改善すべきところだと自認しています。

NG回答例

「やるときは、やる！」が私の性格です。勉強においても遊びにおいても、肝心なところは見逃さず、「今がやるとき」だと判断したら全力を尽くすタイプ。逆に、力を抜いて良いときだと判断したら、手抜きではありませんが8割でやります。要領よくできるというのが強みではないでしょうか。

Check

要領よくできることは大切だが、面接の場でそのことをアピールしていいかどうかは疑問。手抜きができますと言っているようなもので、マイナス評価されかねない。

OK回答例

　人や物事に積極的に関わり合うのが得意です。同窓会の幹事が募られたときなどは進んで立候補しますし、人と関わり合えることに喜びを感じます。ただ、淋しがり屋だと友人に指摘されることもあり、改善すべき点だと自認しています。最近はひとりで休日を過ごすことも多く、今さらながら精神的自立を果たせたのではないかと思っています。また、多趣味と自負しておりスポーツは観るのもやるのも好みます。特にバスケットボールとバレーボールが得意です。そのおかげか垂直跳びの成績は65cmを誇り、女子の中では負けたことがありません。スポーツは今後も続けるつもりですが、無論業務に支障をきたさぬよう心掛けます。

─Key word ─

①趣味を持ち出して自分を巧みに売り込むのは、面接だけでなく就職後もプラス材料として使える訴求ポイント。

NG回答例

　好奇心旺盛で積極性があり、何にでも首を突っ込みたくなるタイプです。趣味は野球にサッカー、読書、音楽観賞。あとは最近ダンスも始めました。全部得意で、特に野球はピッチャーで4番を任されることが多いです。サッカーチームではキャプテンを務め、人を引っ張っていくリーダーシップの能力も発揮。この積極性を仕事に結び付けていきたいと考えています。

─Check ─

　面接官も人間であることを忘れてはならない。例え本当の話でも自慢話に終止すると、反感を買いかねないので要注意だ。この話ぶりだと、性格、人柄の評価はあまり高くはないだろう。

あなたのセールスポイント を教えてください

アピールポイント

仕事につながる素質、才能を伝える

サンプル
・優れた分析力
・タフで打たれ強い
・物怖じしない性格

回答の公式

自分のウリ ＋ エピソード ＋ 展開

自分のウリ

自分のウリこそ、あなたのセールスポイントだ

選択肢
・努力せずにできること
・短時間でできること
・楽しんでできること

エピソード

セールスポイントをどう活用してきたか、過去の事例を語る

選択肢
・表彰
・褒められたこと
・日常役立っていること
・窮地からの脱出

展開

セールスポイントを仕事にどう展開できるかが決め手

選択肢
・迅速な仕事
・ケアレスミスの減少
・斬新なアイデアの提出
・徹夜に強い

OK回答例

　優れた情報収集力が私のセールスポイントです。若者のファッション動向について調査したところ、今まで考えられていたこととは違う結果を導き出すことに成功しました。形や色を重視していた従来の考え方から一変し、今年は素材に重きを置く若者が急増していたのです。中高生の間では、見た目以上に着心地が重要視されていたというのが興味深く、アンケートによると、見た目がどんなに気に入っても着心地が80点以下では着ないという人が大半でした。これは、丹念にフィールドワークしなければ理解できなかったことでしょう。私のこのような能力を、御社の業務に活かしたいと思っています。

─Check ─────────────────────
　独自の調査報告ができており、面接官の印象にも残りやすい回答。計画性、行動力、実行力などについては言及していないが、それらを併せ持つ可能性があることを匂わせている。

注意! 回答例

　調査能力については誰にも負けない自信があります。1週間図書館に通い詰めて、鳥の生態を研究したこともありました。調査によると、鳥害は都市部で著しいことが確認できました。動植物を見かけることが少なくなったとはいえ、昨今の都市部には思ったより、生物が息づいている。何か良い共存方法を考えることが、早急に求められていると言えます。

─Check ─────────────────────
　1週間図書館に通い詰めたことは、確かに粘り強い性格を言い表してはいるが、足を使ったフィールドワークほどの印象はない。調査報告に独自性も入れて訴求するべき。

OK回答例

　一見すると体は貧弱に見られるかもしれませんが、スタミナについては抜群です。体力的スタミナと精神的スタミナの両方を兼ね備えていると自負しています。昨年のホノルルマラソンは2時間52分で完走。翌日には帰国し、それから3日間徹夜して卒業論文を仕上げました。その後はさすがに丸1日オフとしましたが、その翌日には再び気力が充実。来年のホノルルマラソンで2時間30分台を目指すべく、トレーニングを開始しました。活発な体力と精神力のなせる業だと、友人も驚いていたようです。仕事も途中で投げ出すことは、絶対にいたしません。粘り強く根気強く、追求していきたいと思っています。

┌─ **Key word** ─────────────────────
①並外れているところが印象深く、説得力もある。他の志望者
　の中にも、ホノルルマラソンを完走したとか、卒論を徹夜で
　仕上げたとか、話す人がいるかもしれないが、これだけイン
　パクトがあると抜きん出ることができるはずだ。
└──────────────────────────

NG回答例

　体力とスタミナは誰にも負けません。これは、高校時代から始めたレスリングを通じて培ったもの。毎日2時間のウエイトトレーニングをこなし、体を作り上げてきたことが私の自慢です。アルバイトも、引っ越しや現場作業などの体力系のものを得意としてきました。体力勝負の仕事は私に任せてください。

┌─ **Check** ─────────────────────
　他の学生の中に、さらに体力のありそうな人がいたらそ
　ちらが選ばれる。体力について訴えるなら、その体力を使
　ってどんな仕事が自分にはできるかを、具体的に語るべき。
└──────────────────────────

OK回答例

　私は、人前で物怖じせず堂々とできる人間です。小学4年生のときに、学芸会でピアノのソロを弾く役が募られました。皆やりたがらなかったのですが、私は率先して申し出ました。誰もやらないことだからこそ、自分がやる、やりたいのだという気持ちが湧き上がってきたことを、今でも鮮明に覚えています。そして全校生徒の前で、失敗しながらも、堂々と演奏し切ったことは、今でも私の自信となっています。人のやりたがらないことをやり遂げたのだという、達成感もありました。物怖じしないこの性格で、私は営業という仕事を精力的にこなしていきたいと考えています。

Check

　自分にはセールスポイントが見つけられないという人は、過去にさかのぼり、小さなエピソードを詳細に思い出してみよう。必ずひとつやふたつ、人に誇れるエピソードを見つけられるはずだ。

NG回答例

　特にセールスポイントと言えることはないのですが、強いて挙げると人当たりが良いということです。大人しい性格と言われるのですが、このことが周囲の人の警戒心を解いていると、小学生のときに先生に言われたことがあります。私のような人当たりの良い人間は、営業職に向いていると思います。

Check

　強いて挙げるのではなく、積極的に人当たりの良さをアピールしてほしい。そしてどういう部分で人当たりがいいと判断できるのか、具体例を挙げて説明すること。自信を持って語れば、立派なセールスポイントになる。

自分に関する質問

クラブやサークルで
どんなことをしていましたか?

👁 ココが見られる

クラブやサークルの活動を通じて、どんな経験をしたのか? 成績や戦績を語ることばかりがすべてではない。活動を通じて得ることのできた、人間的成長、精神的成熟を詳しく話そう!

アピールポイント

新しい力となり得る
経験、成長の見込み

サンプル
・コミュニケーション能力の育成
・優秀な競技結果
・目標を掲げて取り組む姿勢

回答の公式　　エピソード ＋ 分析 ＋ 活動成績

エピソード

活動を通じて経験した
印象深いエピソードを説明

選択肢
・全力で取り組んだこと
・人間関係の断裂と修復
・役職の経験
・具体的な成績や得点

分析

印象深い経験を
自分の中でどう消化したか

選択肢
・成功に至る努力
・友情の大切さ
・組織の統率

活動成績

その活動で何を得られたか
を仕事に結び付ける。
できるだけ一言で

選択肢
・チームワーク
・リーダーシップ
・人を見る眼
・結果を出す方法論

OK回答例

　野球部に所属していました。ただし私は万年ベンチウォーマーで、一度も公式戦でグラウンドに立つ機会には恵まれませんでした。と言っても、野球部に入部したことが無駄だったとは思っていません。気落ちした選手を励まし、テンションを高め、グラウンドに送り出すのが私の仕事でした。補欠は試合に参加できないから何もできないのではなく、補欠にしかできない仕事がいっぱいあるのだということを、私は身をもって経験しました。4年間の部活で得た体験は、私にとっては本当にかけがえのないものです。舞台裏で培った人間的成長を、社会に出ても大切にしていきたいと思います。

Check

　補欠選手だったことを隠すのではなく、補欠選手だったからこそできた活躍を印象的に述べている。舞台裏を経験した者にしか分からないようなコメントに、人間的な魅力を感じる。

NG回答例

　サッカー部に所属していました。ポジションはゴールキーパーです。キーパーというのはゴールを守ることのみならず、チームの司令塔でもあります。全体の動きを見ながら、個々の選手たちに的確な指示を出すのも重要な仕事。この、ゴールキーパーで培った統率力を武器に、リーダー的な存在になることを目指して頑張りたいと思います。

Check

　ゴールキーパーについての一般的説明に終始している。これなら野球のキャッチャーでもいいし、オーケストラの指揮者でもいい。キーパーを経験して得られた独自の見解を示すべきだ。

OK回答例

　落語研究会に所属していました。落語というのは見た目のユニークさとは違って、ネタ作りはそれこそ死に物狂いです。先輩に出来を確認してもらうのですが、そこでは罵倒され、実に惨めな気持ちになることも日常茶飯事です。自分にはセンスがないと落ち込み、退会しようと考えたことは数知れません。そんなときにサポートしてくれたのが同輩たちでした。ネタを試し合い「インパクトが弱い」「そこが面白い」と真剣に議論を交わすことで、傷を舐め合う仲ではなく建設的な結果を出すことを目指して、ともに切磋琢磨してきました。クラブ活動を通じて私は、支え合うことの大切さを学びました。

─Check ─────────────────────
　新入社員の場合は、罵倒されるというのも仕事のひとつになるだろうから、このようなエピソードは入社後の姿が想像できて効果的といえる。

注意! 回答例

　軽音楽部に所属していました。ここでは生涯の友と言えるバンドメンバー5人に出会いました。一曲を完成させるために、夜を徹して練習したことも。意見の食い違いから何度もぶつかり合うことがありましたが、その度に結束を強められてきたように思います。社会人になっても意見をぶつけ合える友に巡り合い、良い人間関係を構築していきたいと思います。

─Check ─────────────────────
　いい話だがやや感傷的で、思い出に浸っている感が否めない。人間関係についての話もややありきたり。どういう意見をぶつけ合い、その結果どうなったかを語ると、話が興味深くなる。

OK回答例

部活やサークルという形ではないのですが、仲間とよく遺跡巡りをしていました。北は青森の三内丸山遺跡から、南は沖縄の与那国海底遺跡の博物館にまで、足を伸ばしました。行くからにはそれ相応の前調べを行います。遺跡に関する文献を読み、現地では太古のロマンに思いを馳せる。ただ、机上の調査と実際に目にしたときの印象とがずいぶん違うということもしばしばで、情報は足を使って確かめることが重要なのだということを実感するに至りました。このことを通じて、立てた計画に基づき情報を集め、実行に移し、自分の目で確かめるという自分なりのスタイルを確立できたと思っています。

―Check

部活やサークル活動には参加していなかったからといって、「何もしていない」と答えるのは絶対タブー。その代わりに体験できた、かけがえのないエピソードを語ろう。

自分に関する質問

NG回答例

部活やサークル活動には参加していませんでした。組織の一員になることに、どうも抵抗を感じずにはいられなかったのです。それよりは、少しでも自立できるようにとアルバイトに専念し、コンビニのバイトを4年間務め上げました。そこで得られた仕事に対する認識は、これから社会に出ていく際に役立つものと思います。

―Check

これから組織の一員になることを希望する人間の発言とは思えない。例え本音であっても、面接の場で発言すべきことではないのではなかろうか。前向きな発言を心掛けるべきだ。

大学生活はどのように
過ごしましたか?

回答の公式 P80参照

👁 ココが見られる

社会に飛び出す助走期間であった大学生活を、どのように過ごしたか。学生時代を顧みて、学習、経験したことを語ろう。学生生活の過ごし方から、社会人としての資質が判断される!

OK回答例

自分が本当に好きなこと、そして仕事としたいもの、それが一体何だったのかを追求する時期であったと思います。本を読んだり、学生向けの企業セミナーに参加するなどの経験を通じて、そのことを追求してきました。そして、御社のような出版社で働くことが、その回答であったと考えています。やりたい仕事が見つかった私は迷うことなく、大学生活と並行して編集技術を学ぶ専門学校にも通いDTPの基礎を修得しました。学んだことが御社を志望するための必要条件ではありませんが、少しでも編集の現場で戦力になれればと思っています。

NG回答例

充実した4年間を過ごすことができたと思っています。特に、友人たちと過ごした長期休暇は最高の思い出。ハワイに旅行に行ったのですが、そこではドライブしたりショッピングしたりと充実した時間を過ごせたのです。こんな贅沢な時間の使い方は、社会人になったらなかなかできないのではないでしょうか。

Check

大学生活を存分に遊ぶというのは、悪くはない。ただし面接の場に適切な回答か、もう一度よく考えよう。

OK回答例

大学では英語学科に在籍し、英語に注力しました。実用英語検定の資格は準1級。また、TOEICのスコアは750点です。経済の国際化、グローバル化が進み、企業も本格的な国際交流の時代に突入しています。今後ますます英語力が試される時代が①やって来るのではないでしょうか。幸い私は英語が好きで、洋書は必ず原書を読みます。洋画も字幕や吹き替えではなく、ネイティブの言葉をそのまま聞いて観るほうを好みます。SNSでも外国人の友人が多く、海外情勢や情報などに積極的に耳を傾けております。この能力と経験をフルに活用して、国際交流に貢献したいと考えています。

―Key word ―――
①今後の展望について予測。ありきたりだが、自分の英語力と結び付けて話すことで有力なセールスポイントとなる。

NG回答例

大学生というのは、人生で自由な時間を最大に使える期間だと思います。こんな時期は、次は仕事を引退するまではきっとないでしょう。この大切なときを、勉強、クラブ活動、友人との付き合い、アルバイトなどさまざまなことに費やせました。社会に出るための充電は完了。これから一生懸命仕事に精を出したいと思います。

―Check ―――
学生生活を楽しんだことを想像させるが、結論は平凡。何を学び、それを今後仕事にどう生かしたいかを、具体的に示すべき。広く浅くの話では、面接官は最後まで聞いてはくれない。

大学のゼミでは
何を履修しましたか?

回答の公式 P80参照

◉ ココが見られる

専門的に勉強したことが、仕事でどう活かされるかを問う質問。
仕事に直結することだと望ましいが、そうではなくても構わない。
ただし、業務に役立つ経験はできたということを訴求しよう!

OK回答例

「障害者が積極的に参加できる環境づくり」をテーマに、障害
者福祉についての研究を行いました。そこで学んだことは、物
事は見る人によってまったく違ったものになるということで
す。目隠しして街を歩くと、普段は気付かなかった点字ブロッ
ク上の自転車が、本当に凶器になります。別の視点を持つこと
が、いかに大切かということを、実感として学びました。

Check

福祉関連の会社を受けるのであれば好印象。そうではなくて
も人間性の育成にも役立った勉強をしてきたことが想像できる。

NG回答例

既存情報から総合的な統計を取ってデータ化し、数量的に解
釈し分析することを学びました。実生活に活かすことが可能な
情報へとコンバートし、役立てる能力を獲得できたと考えます。

Check

何のことを言っているのかさっぱり分からない。難しい
言葉を並べ立てて、いかにも専門的に勉強してきたような
フリをするというのは、落ちる志願者の典型例だ。勉強し
てきたことの本質を理解しているなら、もっと分かりやす
い言葉で説明できるのではないだろうか。

OK回答例

　都市計画を専門として研究、調査を行ってきました。さまざまなプロジェクトが展開されていますが、観光的視点に基づく都市作りというのはユニークで画期的かと思います。観光地の魅力は、観光地の住民が支払う税金ではなく、観光客が楽しんで落としていくお金によって作られることで、好循環が生まれる訳ですが、こういった視点の変換が、会社や社会、コミュニティをより良くするポイントになるのだと思います。同様にして、視点を変えることが問題解決の糸口になるという類例は多々あります。多角的な見方を身に付けておくことが、ビジネスを円滑に進める上でも重要なのではないでしょうか。

Check

　研究内容が興味深いことに加えて、自分なりの解釈を加えられているところも良い。研究の一環として行ったフィールドワークなどがあれば、そのことについても時間が許す限り話そう。

NG回答例

　経済学について専門的に勉強してきました。影響を受けた経済学者は、アダム・スミス、ケインズ、マルクス、シュムペーターです。何気なく暮らしている今の資本主義社会は、一体どのように生まれ、ここに到ったのか。そのようなことについて、幅広く知識を求めながら、研究してまいりました。その成果は、仕事にも十分役立てられるものだと自負しています。

Check

　一体何を勉強してきたのか。並べた学者からどのような影響を受けたのか。研究してきたその内容について語らなければならない。学習内容が未消化であることが露呈している悪回答。

あなたの特技は
何ですか?

◉ ココが見られる

特技は強力な自己PRになる。仕事の即戦力として使える特技を持っていればなおのこと。仕事に関係ない特技の場合は、それを通じてどう成長できたかを答えるようにすれば評価が高くなる。

アピールポイント

特技を活かした
仕事への貢献度を訴求

サンプル
・デジタル人間
・語学力の達人
・プレゼン巧者

回答の公式

得意事項 ＋ エピソード ＋ 展開

得意事項

特徴やウリを説明。
飾りすぎず分かりやすさを
優先する

選択肢
・PCの巧みな操作
・外国語による交渉術
・ユニークなプレゼン

エピソード

特技が役立った体験談。
習得するまでの過程も
織り交ぜ、興味深い内容に

選択肢
・卒論の作成
・ホームステイ
・習得のための努力

展開

特技を具体的に、
どのように仕事に
活かしたいか語る

選択肢
・情報収集
・国際的な交渉
・営業

OK回答例

　今後はさらにオフィスのオートメーション化が加速するでしょう。ＰＣの存在が仕事においてますます重要となるのはもちろんですが、私はＰＣに関する知識が非常に豊富です。ワード、エクセル、パワーポイントの操作はもちろんですが、ホームページ作成のためのプログラミングもできます。ウイルス感染の解決なども任せてください。リカバリーから感染予防対策まで万全のシステムを整えることができます。プレゼンテーション用の書類なども写真やグラフ入りで、自在に作ることができます。卒論「ユビキタス経済効果」を作成するときにも、もちろん駆使しました。仕事にもきっとお役に立てると思います。

─Check─

　パソコンを特技に挙げる人は多いが、ワープロソフトを少し使える程度といったレベルの人も、実は少なくない。具体的に自分ができることを提示し、持てる能力の高さを訴求しよう。

注意! 回答例

　記憶力がいいことが私の特技です。一度お会いした人の顔と名前はたいてい忘れません。これについては恐らく天性のものなのでしょう。小さいころから、近所の人にも記憶力がいいとよく言われていました。円周率も200桁くらいまでなら暗記し、他にはギネスブックの世界記録を、記憶するなどしています。

─Check─

　記憶力がいいことを、仕事でどう活かしたいのかを具体的に述べるべき。特殊分野でもない限り円周率が1万桁言えても、役立つとは思えない。人の顔と名前を忘れないというのなら、営業力には活かせよう。そのあたりの話を工夫して膨らませる。

あなたは何か資格を
持っていますか？

回答の公式 P88参照

👁 ココが見られる

資格そのものはもちろんウリになるが、そればかりではない。資格を取得しようとした背景、取得までの過程と努力を聞いている。話しようによっては普通自動車免許さえ、立派な武器になる！

OK回答例

「マイクロソフト・オフィス・ユーザー・スペシャリスト」、いわゆるMOUS検定の資格を持っています。日頃扱っているアプリケーションソフトを、もっと有効に使いたいと思い、取りました。ワード、エクセルは一般と上級とに分かれているのですが、社会に出てからのことを考え、上級を取得しました。おかげで、まったく不都合なくソフトを扱えるスキルと、それに伴ないパソコンを操作する自信が得られました。ワード、エクセルの両方とも汎用性に優れたソフトですので、仕事中は多くの場面で活用できると思います。

NG回答例

MOUS検定の資格を持っています。ワードとエクセルは、一般事務などではよく使われると思いますし、求人情報などを見ても、「ワードのできる方」「エクセルのできる方」などと載っているのをよく見かけるので、必要と思い取得しました。きっと御社の業務にも役立つかと思います。

Check

主体性のない回答例。スキルアップを目指そうという意欲も感じられない。

OK回答例

はい、日本商工会議所の「日本語文書処理技能」1級を持っています。以前はワープロ検定と呼ばれていたもので、資格としては平凡と思われるかもしれませんが、実際には幅広い業務において少なからず役立つものだと判断し、取得しました。ワープロに関する知識、技能だけではなく、日本語に関する幅広い見識も求められるものです。日本語の乱れが叫ばれて久しい昨今ですが、私は資格取得の勉強を通じて、身近な言い回しについての誤り、「ら抜き表現」や「さ入れ表現」などを、自然と是正できました。パソコンを使いこなすためにも非常に役立っており、取得しておいて良かったと思っています。

Key word
①現在、そしてこれからも役立ちそうだということをうまく訴求できている。

NG回答例

英検2級、日本漢字検定2級、ワープロ検定3級、あと、普通自動車と自動二輪の免許を取得しています。ちなみに剣道2段、柔道3段で合わせて5段です。今は、会社に入る前にパソコンの資格を何か取得しようと考えているところです。

Check
よくいる資格マニアの典型的回答例。羅列するとそれぞれの印象が薄くなり、広く浅くの人間だと判断されかねない。数を絞り、具体的に詳しく話すようにしよう。また、今から資格の取得を目指すと述べているが、そんな短期間で取れる資格は、実社会では通用しないということも覚えておいた方がいい。

自分に関する質問

あなたの将来の夢は
何ですか?

◉ ココが見られる

　仕事で将来実現したいビジョンを語る。「こんな大きなことをやってみたい」という夢を用意しておこう。多少大げさでもいい。大きな夢を語ることが、これから入社する若い社員の役目だ!

アピールポイント

壮大な夢を抱く、
スケールの大きな人間

サンプル
・世界一の営業マン
・世界規模の事業
・宇宙計画

回答の公式　　　| 想像力 | + | 展開 | + | 努力 |

想像力

想像力を働かせて、
人の関心をひく夢を語る

選択肢
・壮大な計画
・人々への貢献
・発明、発見

展開

夢を仕事に結び付けて、
語ることが大切

選択肢
・経営のトップ
・海外勤務
・トップセールスマン

努力

夢を実現するためには、
どんな努力が必要か

選択肢
・自己研鑽
・情報収集
・計画性

OK回答例

　自動車の完全オートドライブ化を目指します。運転手がハンドルを握らなくても、自動車に内蔵したコンピュータにデータを入力すれば、車が勝手に目的地まで案内してくれるものです。このシステムが完成すれば、交通事故ゼロ、渋滞ゼロ、交通違反ゼロの理想的な車社会を、100%に近い確率で構築できるでしょう。技術の進歩は私たちの想像以上のスピードで進んでいます。音声ガイドのカーナビや後方確認を補助するモニターといった、昔からあれば楽だなと思っていたことが、次々と現実になっています。私はこのシステムを試作品ではなく完全実用化に至るまで整備したいと考えます。

Check

　自動車メーカーを受けるのであれば、賛否両論であろうが大きな夢と言え、面接官は興味深く話を聞くのではないだろうか。

注目! 回答例

　宮古島のトライアスロンに参加して、完走することです。今までスポーツらしいものは、何ひとつやってきたことがなかった私ですが、自分を厳しく鍛え直すという意味で、参加のためのトレーニングを現在行っているところです。ゴールできたときには、ひとまわり成長した自分に出会えそうな気がします。そのための努力は惜しみません。

Check

　仕事に直接結びつく内容ではないが、自己を高めたいという熱意は伝わってくる。営業職のような行動力が要求される職種では評価されそうだ。

あなたの趣味は
何ですか?

⬤ ココが見られる

趣味は人柄や性格の傾向を知る判断材料に使うものとして、よく質問される。面接では、趣味についての自分なりの考え方、哲学を問われていると考えよう。単なる「好き」では話にならない。

アピールポイント

趣味を通じて自分の
こだわり、嗜好を語る

サンプル
・スポーツ
・音楽、文学
・ボランティア

回答の公式　　　動機 ＋ エピソード ＋ 展開

動機

その趣味を始めた動機、きっかけは?

選択肢
・習い事
・収集癖
・好奇心

エピソード

趣味を通じて経験した、最も印象深い思い出を語る

選択肢
・目標達成
・困難の克服
・同好の友について

展開

趣味により、人間的に成長した部分は?

選択肢
・情報収集力
・知識の獲得
・忍耐強さ

OK回答例

趣味はピアノを弾くことです。大学に入ってから始めました。先生について習ったわけではなく、教則本を参考にしながらの独学で、演奏技術をマスターしました。今では3時間もあれば、簡単なものなら一曲を弾きこなすことができます。この経験を通じて、独学でも一生懸命練習すれば、案外うまくなれるものだと自信を持ちました。確かに我流の癖はありますが、それも個性と捉えれば、武器になり得るものと言えるのではないでしょうか。仕事も日々努力し、自分なりのやり方で独自のスタイルを築き上げたいと思います。そうすることで、自信を培っていけるのではないかと考えています。

Check

ピアノの演奏技術を短時間のうちに独学で身に付けたというのが興味深い。器用さが窺い知れる話と言えよう。

NG回答例

趣味は、サッカー観戦です。ワールドカップのときのブームに乗ったにわかファンではなく、その前からサポーターとして活躍する筋金入り。サッカー雑誌は毎月3冊定期購読し、隅々までチェックすることも欠かしません。Jリーグ全チーム、全選手のポジションと背番号を言い当てることができます。

Check

熱烈なサッカーファンだということは分かるが、そこ止まり。話を展開して情報収集力があるとか、分析力を培ったとか、こじつけでもいいから仕事の話に結び付ける。そうすれば「サッカー好き」から「分析力に優れるサッカーファン」になり得る。

自分に関する質問

あなたの関心事は何ですか？

◉ ココが見られる

考え方の指向性を軸とし、社会性や人間性を幅広く見極めようとする質問。関心事が何であるかにより、おおよその教養の程度も判断できる。常にアンテナを張り巡らせておくことが重要だ！

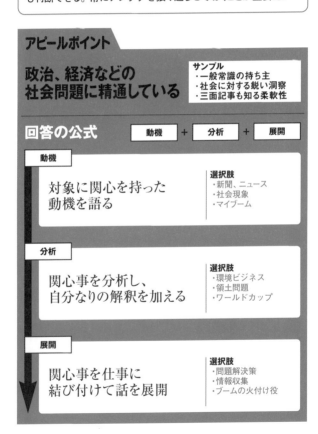

アピールポイント

政治、経済などの社会問題に精通している

サンプル
・一般常識の持ち主
・社会に対する鋭い洞察
・三面記事も知る柔軟性

回答の公式

動機 ＋ 分析 ＋ 展開

動機

対象に関心を持った動機を語る

選択肢
・新聞、ニュース
・社会現象
・マイブーム

分析

関心事を分析し、自分なりの解釈を加える

選択肢
・環境ビジネス
・領土問題
・ワールドカップ

展開

関心事を仕事に結び付けて話を展開

選択肢
・問題解決策
・情報収集
・ブームの火付け役

OK回答例

コンピュータウイルスに関心があります。ブラスターと呼ばれるワーム型ウイルスは、ネットワークに接続しているだけでPCに侵入。こちらからアクションを起こさずとも、ウインドウズ上で動作しているサービスの弱点をついてPCに感染するタイプのものです。私もうっかり感染し、修復のために1週間を費やしました。この経験を通じて、予防することの重要性を痛感。病気もケガも仕事上のトラブルも、発生してからでは遅く、予防に努めることが非常に大切なのだと思いました。この考え方は、日々の業務にも活かせるでしょう。トラブルの予防に努めることが危機管理意識の向上にもつながると考えます。

Check

予防というキーワードで健康も仕事もうまくいくとしているところは、興味深く面白い解釈。

NG回答例

関心事と言えば、私がこの会社に採用されるかどうか。これこそ私の最大の関心です。それ以外のことは、今はカヤの外。それくらい、私は御社に入社することを熱望しているのです。何卒よろしくお願いいたします。

Check

ウケ狙いで言っているのだろうか。そうだとしてもまったくウケない。あまりに視野狭窄で、考え方が貧困。自分のことしか関心のない人間を、どうして会社が採用してくれる？ 嘘でもいいから、もう少し社会に目を向けた発言を心掛けたい。興味がないとしても、新聞の一面に目を通すくらいはしておこう。

あなたは人間関係をどのように捉えていますか?

アピールポイント

チームワークは重んじるが、自己主張もできる人間

サンプル
・コミュニケーション能力
・ユーモアセンス
・論理的な思考力

回答の公式

分析 ＋ エピソード ＋ 展開

分析

自分がどのような人間関係を築いてきたか

選択肢
・互助精神
・距離感の取り方
・仲間内の役割

エピソード

過去を振り返り、具体的な人間関係を説明

選択肢
・アルバイト
・学友、同級生
・上下関係

展開

人間関係性を職場にどう展開させるか

選択肢
・ムードメーカー
・縁の下の力持ち
・リーダーシップ

OK回答例

　理想的な人間関係を築くというのは非常に難しいことだと思っています。一人ひとり性格も違えば、個性が違うのも普通のことでしょう。だとすれば、人の集合体である組織がもめごとを起こさない方が不思議なのかもしれません。ただ、どこの集団にも必ず、自己主張を欠かさずに皆と協調できる人がいるものです。私の身近な例では、サッカー部の先輩のひとりがそんなタイプでした。チームが険悪なムードになりそうになると、場の雰囲気を汲み取った適切なユーモアで切り抜け、一層絆を固く結べるような人。私はまだ未熟ですが、そんな先輩に近づこうと日々精進しています。

Check

　自分の目指す理想像がはっきりしている。このタイプなら和を乱すことなく、逆にムードメーカーとして活躍することを期待されるだろう。

NG回答例

　人間関係を円滑にするには、協調性がとても大事だと思います。和を乱さないように常に細心の注意を払っていれば、致命的な事態には絶対になりません。もめごとが発生しそうになったら、まず協調性という言葉を頭に思い浮かべるようにしています。

Check

　組織内では自己主張も必要だし、人の顔色を見て協調ばかりしていればいいというものでもない。社会に出れば気付くかもしれないが、「協調なんか、しないよ」という姿勢の人間のほうが、案外いい人間関係を築けていたりするものだ。

自分に関する質問

あなたは仕事をやり遂げる自信がありますか?

👁 ココが見られる

仕事に対するモチベーションを見極めようとしている。また、学生の責任感、粘り強さの程度を計ろうとする質問。自信があることを、具体例に則した理由を挙げて説明しなければならない。

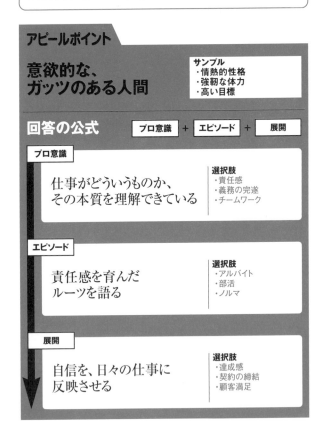

アピールポイント

意欲的な、ガッツのある人間

サンプル
・情熱的性格
・強靭な体力
・高い目標

回答の公式

プロ意識 ＋ **エピソード** ＋ **展開**

プロ意識

仕事がどういうものか、その本質を理解できている

選択肢
・責任感
・義務の完遂
・チームワーク

エピソード

責任感を育んだルーツを語る

選択肢
・アルバイト
・部活
・ノルマ

展開

自信を、日々の仕事に反映させる

選択肢
・達成感
・契約の締結
・顧客満足

OK回答例

　私はアルバイト先のファーストフード店で、店長を補佐する責任者をしています。店長が不在の場合は、私が他のバイト生の仕事の配分だけでなく、シフト表の作成といったスケジュール管理まで任されています。アルバイトだからといって時間内に決められた仕事だけすれば良いというのではなく、お客様に対するサービスの向上や仕事の効率化といった提案を行っていましたので、自分に与えられた業務に対する責任を強く実感しました。同時に他のスタッフの協力を得て、初めて仕事が円滑に進むことからチームワークの大切さも学びました。アルバイトと決して比較できないと思いますが、私は任された仕事を途中で投げ出したりはしません。

─Check

　アルバイトの経験から、責任感の強さをアピール。「投げ出さない」と言い切るところに強さを感じる。途中であきらめない粘り強さを持つ人間ではないだろうか。

OK回答例

　もちろんあります。私は、少々のことではへこたれない覚悟を持っています。私は1日に1冊の本を読むというノルマを課し、この2年間、ほとんど欠かすことなく読書を遂行してきました。もちろん、レポートの提出や試験勉強で本を読めるような時間がないという日もありましたが、それでもノルマだからと自分を鼓舞し、何とか時間を捻出して目標を達成。私はこの経験を通じて、最後までやり抜く習慣を身に付けました。

─Check

　へこたれない覚悟に加え、情報収集能力や資料を速読できる点をアピールすれば、より自分の強みを活かした回答になる。

OK回答例

　はい。私は自分にノルマを課し、そのノルマをクリアすることにやりがいを感じるタイプです。趣味で毎朝5キロのジョギングを始めて今年で3年になります。始めた当初は起き抜けに走るのは辛かったのですが、自分に負けたくないという思いが強く、今では走らない方が違和感を覚えてしまうほど習慣として定着しました。仕事に関しても同様で、最初は何かと困難な場面に遭遇すると思いますが、自分で目標を決めそれをやり遂げることで、社会人として成長するのではないでしょうか。仕事で得られる達成感や充実は、趣味よりも格別なものだと思います。私は困難な仕事でも必ずやり遂げてみせます。

---Check---
　仕事に対する意識の高さが窺い知れる。難しい、困難な仕事も自信とプロ意識を持ってやってくれそうだと、感じさせる人材と言えるのではないだろうか。

NG回答例

　仕事にもよりますが、おおよそやり遂げる自信があります。仕事にもよるというのは、やはり無理難題な注文をしてくるお客様も、いると思うからです。無責任に、何でもやりますとは言い切れません。できないときにはできないと、キッパリと言う勇気も必要なのではないでしょうか。できない仕事というのは確実に存在します。冷静な判断力が大切だと思います。

---Check---
　できないものをできないと言う勇気は、確かに必要だろう。ただし、面接の場で言うことではない。そういった発言は、入社してから行うべきだ。

OK回答例

　もちろんです。私は剣道部に所属していました。どのスポーツにおいても、勝利やポイントが評価の対象となります。つまりスポーツは結果を出すことを求められ、結果を出すために部員全員が日々の辛い練習に取り組んでいるのです。特に試合では、最後まで全力を尽くさなければ勝利を得られません。途中であきらめると必ず後悔し、自分が惨めな気持ちになります。団体戦になると、全力を尽くすことは自分のためだけでなく、チーム全体のためにも大切なのだと心から感じました。仕事も当然結果を求められると思います。私は剣道部で培った目標に対する努力と向上心をもって業務に励みたいと思います。

Check

　運動部での経験から、全力で成し遂げることの重要性を説明した。ガッツも感じられる好印象の回答。

注意! 回答例

　体力とガッツでは人に負けないので、もちろん仕事を最後までやり抜く自信はあります。毎日、筋肉トレーニングと5kmのランニングは欠かしません。雨の日も風の日も、365日行います。今日もこの面接に来る前に、腹筋100回をこなしてきました。御社に入社しましたら、自慢の体力とガッツで、仕事を一生懸命やり遂げたいと思います。

Check

　体力とガッツだけで乗り切れるだろうというのは甘い認識で、仕事には思考力や責任感も必要だ。回答の公式をもう一度見直してほしい。

セルフチェック

自分に当てはまるものに、チェックしよう

- [ ] 日記をつけている
- [ ] 休日はひとりで過ごすことが多い
- [ ] 本、特に自己啓発書などをよく読む
- [ ] 過去の写真を見返すことが、3ヶ月に一度はある
- [ ] 目標を持って日々を過ごしている
- [ ] 面接が嫌いではない
- [ ] 両親とよく話をする
- [ ] 自分は結構いいやつだと思う
- [ ] のめり込める趣味を持っている
- [ ] 自己主張が強い方だと思う
- [ ] 世間話には興味がない
- [ ] 生きることに悩んだことがある
- [ ] 本音で話す方だ
- [ ] ひとりで映画を観に行くことがある
- [ ] 他人の行動を観察するのが好き
- [ ] 分析するのが好き
- [ ] 履歴書を書くのに3時間以上かかった
- [ ] 自己中心的だと言われたことがある
- [ ] 占いの類いは信じない
- [ ] 自分の性格は「○○」と一言ですぐに言える

チェックした数を元に診断結果とアドバイスへ ➡

0〜6の人は「自分のことに無頓着」人間

　0から6個のあなたは、「自分のことに無頓着」人間。決して悪い人ではなく、一般的には自分より他人のことを優先するいい人という評価を受けることが多い。ただ、自分がどういう人間で、どういう適正があり、どんなことが得意なのかなど、あまり考えたことがないのではないだろうか。一度自分がどういう人間なのか、時間をとって振り返ってみてはいかがだろう。

7〜13の人は「自己認識度は中程度」人間

　自分について一応の理解ができているが、もう一層深い部分の自分については、実はあまりよく知らない。「自分はネクラだ」と思っているような人でも、それはある状況下においてのみであり、本来はネアカだということはよくある。自分がやりたいこと、本当に得意なこと、なりたい職業について、この機会に深く考えてみてほしい。

14〜20の人は「自意識過剰」人間

　このタイプは、他人より自分のことに関心がある。自分についてはよく理解できているから、自己紹介などもスラスラと言えるだろう。ただし、自意識過剰な側面を持っており、自己アピールに歯止めがかからなくなることも考えられる。自分についての分析力はあるはずだから、欠点についても正しく（多少脚色しつつ）面接官に伝えれば評価も上がる。

vol.3

言い足りないことが あった場合

了解を得てからなら、やり直しがきく

　面接の質疑応答は瞬間的に行われるものであり、基本的にはやり直しがきかない。もし、言い足りないと思ったことがあったり、先ほど「分からない」と答えた質問の答えがあとで分かったりした場合には、どうすればいいか？　タイミングを見計らって、「失礼いたします。先の○○の件で付け加えたいのですが」「先にご質問いただいた○○の件ですが」と前置きし「話すお時間をいただいてよろしいでしょうか」と了解を得てから話すようにする。切り出すタイミングが難しいが、面接の終わりに「最後にご質問は」などと言われたときに打って出るといい。

タイミングを逃したら、 後日FAXかEメールで

　言い足りないことを付け加えるタイミングが、面接時間中にうまく捻出できなかった場合は、後日（早いほどよい）、FAXやEメールなどを使って面接担当者に伝えるというのも、アリだ。「不勉強でお答えできなかった質問について、勉強し直しました。ご一読ください」などとして連絡すれば、勉強熱心な学生だという印象を植え付けることができる。ただし、相手は暇ではないので、電話で相手の時間を拘束するのはマナー違反。元々答えられなかったものなのだから、「ダメもと」の気持ちで、FAXかEメールでトライしてみるようにする。

第4章
志望動機に関する質問と回答

志望動機で勝負が決まる

どの会社にも
当てはまる内容は即アウト

　志望動機とは、「私は○○がしたいので、御社を志望しました」と答えるものである。ただし「○○」の部分が、会社案内をそのまま流用したような中身であれば即アウトだ。また、ありがちなのが「御社は大企業で」「有名だから」「業界トップの」といった具合の、会社を持ち上げる「志望動機もどき」。お世辞は志望動機ではない。無論面接官も、会社のお世辞を言う学生を採る気など毛頭ない。

「当社に向いていない」と
言われたら？

　志望動機を問う質問の中には、「とても当社には向いていないようですね」「不採用になったらどうするつもりですか？」といった内容のものまで含まれてくる。質問内容の真意は、「働く意欲、覚悟は、本当に十分あるか？」といったこと。「向いていない」と言われてあきらめる程度では、意欲不足。「何が何でも御社で働きたい」という意欲と働く覚悟を、しっかりとアピールしてほしい。

志望動機は、企画書だ

　志望動機とは、その会社で何をしたいかを話すことだと先述したが、より端的に言うと「企画書」であると言える。「こんなホテル経営がしたい」「あんな新しい形のサービスはどうか」「こんな本を作ってみたい」といった自分の企画を訴求する場である。企画は、実現可能かどうかなんて考える必要はない。夢を語るのが、これから入社する新しい社員の役目だ。

面接官の好感度を上げるには

社長の名前や従業員数など
基本事項は押さえる

　会社案内に載っているような内容は、志望する企業なのだから知っていて当然だ。しかし知っていても、実際の面接で活かしている学生は多くない。「社長の名前を知っていますか？」と面接官に聞かれるから回答するのではなく、志望動機の中に盛り込んで、企業研究の結果をソツなくアピール。使い方しだいで好感度アップの効果が見込める。

「質問はありませんか？」と聞かれたら
必ず質問する

　面接では最後に、「質問はありませんか？」と聞かれる。ここで「ありません」と答えるのは、好感度を上げるチャンスを捨てるようなものだ。だからこそ、あらかじめ質問をいくつか用意しておきたい。具体的には、志望動機を考える上で浮かんだ疑問を、メモしておけば良いだろう。ただし、あくまでも質問は前向きな熱意を示す内容にしておこう。

なぜこの会社を
選びましたか?

◉ ココが見られる

　志望動機を尋ねると、その会社の将来性を語る人が少なくない。
違うのだ。会社がどうなるかではなく、自分がどうなりたいかを答
えること。志望動機とは、自分のやりたいことを語る場だ!

アピールポイント

**自分が会社で
成し遂げたいことを語れ**

サンプル
・自己実現
・夢の達成
・ライフワーク

回答の公式

| 夢・願望 | + | 会社研究 | + | 資質・能力 |

夢・願望

将来的にどうなりたいかの
目標を提示

選択肢
・一流の商社マン
・日本一のホテルマン
・スペシャリスト

会社研究

志望する会社について
調べたことを発表

選択肢
・業界のトップ企業
・信頼性と実績
・馴染み深さ

資質・能力

持てる能力を通じて
有能な人間であることを
アピールする

選択肢
・チャレンジ精神
・集中力
・分析力

OK回答例

商社は「物」を作っていませんが、商社なくして人と物の円滑な流通はあり得ません。日本経済は外国との貿易があってこそ成り立つのも事実です。そんな貿易大国日本における商社の業務に、私は強烈なやりがいを感じているのです。御社はこの業界におけるリーディングカンパニーであると同時に、豊富な研修プログラムに基づいた社員育成にも定評があります。「○○会社の社員は皆、優秀な人間へと成長を遂げる」というのは、世間一般にも知れ渡っています。御社で実績を積み重ねて、将来は一流の商社マンと呼ばれる人間に成長したいと思います。

―Key word ―

①商社の中でもなぜこの会社でなければいけないのかを示した。どこの会社でも使える内容は通用しない。

NG回答例

商社の仕事というものに、子供のころから憧れてきました。景気の動向に大きく左右される業界だとは思いますが、どんなに不景気でも一定の水準は保たれる、安定性の高い業界だと考えています。特に御社は最大手であり、やりたいことも実現できると考えました。どうぞよろしくお願い致します。

―Check ―

業界や会社の安定性を述べているが、そのことが本当に志望動機なのだろうか。さらに安定している業界や企業があれば、そちらが第一志望になるのだろうか？ やりたいことを実現できそうだと考えるなら、そのやりたいことをまずは語るべき。

OK回答例

 ホテルというのは仕事で使うにせよ旅行で泊まるにせよ、お客様がその地を訪れた印象を決定付ける、強い要素を持っていると分析しています。衣食住においてホテルがどれだけ楽しませてくれるかに、お客様はかなりの期待を寄せているはずです。私は御社の経営するホテルを利用したことがありますが、それがきっかけとなって、北海道が好きになりました。働くスタッフの方々の対応は一を伝えて十理解していただけるものであり、気持ちを120%汲み取っていただける完璧なものでした。私もお客様に満足いただけるホテル運営に、ぜひ参加したいと思っています。

Check

 「では、ホテルを魅力的にするためにあなたなら、どんな企画を創造しますか？」と聞かれたら脈あり。ここでユニークな企画を提示できると、他の学生を引き離すことができる。

NG回答例

 御社の経営するホテルのイメージは、ゴージャス。私はその雰囲気に憧れて志望いたしました。ロビーから各ルームに備え付けられている小物まで、すべてが一級品のものばかり。宿泊させていただいたときには、本当に夢のような旅行ができたと感謝しています。その恩返しをしたいという意味も込めて、志望いたしました。

Check

 そのホテルが素晴らしいことは、あなた以上にそこに座っている面接官のほうがよく知っている。ホテルではなくあなたの素晴らしいところを説明し、志望理由につなげる工夫をしよう。

OK回答例

生命保険業界というのは、お客様の人生を左右する仕事だと思っています。保険商品にはいろいろとありますが、根本的には人生の保険。だからこそお客様は会社を信頼し、人生を預けられるのだと思います。私は、責任感の強い人間だと自認しており、他人の人生についても仕事である以上、お勧めした保険については一切の責任を背負って取り組む所存でございます。こう考えるのは、元々私が御社の保険商品のユーザーであり、御社の保険外交員の方にお世話いただいた経験があるからです。その方は、私ども家族のために、親身になって相談に乗ってくれて、温かみのある対応をしてくださいました。私も、そんな保険外交員になることを強く希望しています。

Key word

①保険というものについて、シビアな目を持っている。

NG回答例

生命保険会社が不況にも負けない体力を有することは、言うまでもありません。もちろん社会情勢や景気の波などに多少影響を受けることもあるでしょうが、御社のようなリーディングカンパニーならまず安泰です。その磐石としていて信頼性の高い会社であるところに魅力を感じ、志望いたしました。

Check

結局自分が何をしたいかについては、何ひとつ説明できていない。だが、実際にはこんなちょうちん回答をしてしまう学生が非常に多いのだ。

志望動機に関する質問

なぜこの業界を
志望するのですか？

回答の公式　P110参照

👁 ココが見られる

もちろん志望する業界に憧れるから志望するはずだが、単に「憧れるから」と答えるだけではNG。業界についての興味の程度、業界分析力が問われている。明快な志望理由を用意しておこう！

OK回答例

私がインテリア業界を志望する訳は、インテリア全般が生活に密着したものであり、ともすると日々の生活のあり様を一変する力を持っていることに気づき、興味を持ったからです。外観や機能性を追及することが多いのですが、インテリアとは家の中で家族を包む器であると思います。照明器具ひとつにしても光の色味や加減を工夫して、リラックスや安心を肌で感じさせることができます。私は癒しとくつろぎのアプローチから、インテリアを創造したいと考えています。

NG回答例

大学ではカラーコーディネート学を専攻しています。色彩検定を取得し、色と色との適合、配置のさせ方、または色が精神に及ぼす影響になどについて深い考察があります。こんな私の能力をフル活用したインテリアデザインを手掛けたいと思います。

Check

専門知識を持っているというのに、うまく活かせていない。いろんな色を使ってインテリアデザインをやってみたいと言っているにすぎないだろう。「真っ青なテーブルを作りたい。なぜなら…」と言えるかどうかが勝負なのだ。

OK回答例

　私がネットショッピング業界を志望するのは、今や商品は店頭でなくネットで購入するのが当たり前になってきたことを、強く感じているからです。要点となるのは、人間味の溢れるオンラインショップ。人間性が希薄になりがちなこの世界ですが、だからこそ人間味を打ち出すことで成功の活路が開けると考えます。例えば商品に手書きのメッセージカードを一枚添える。ラッピングに独自性を出す。ネットショップでありながら、アフターフォローを大切にする。当たり前のことかも知れませんが、SNS利用者や個人のブロガーが増える中、このような地道なサービスをすることが効果につながるのだと思います。

Key word

①自分の考え、企画を、明確に示すことができている。

NG回答例

　ネットショッピングの市場規模は、2005年に3兆円であったのが、2013年には11兆円を超える市場規模に膨れ上がり、その後スマートフォンの普及により、さらに市場が拡大しています。2013年末の時点での日本のインターネット利用者数は1億人を超えたと言われています。私はこのようなビッグマーケットで勝負がしたいと思っています。

Check

　市場調査はできているが、どこか「流行りの業界だから」といった安易なムードが漂う回答。ビッグマーケットで勝負するために自分にはどんな武器があるのかを語らなくてはならない。

OK回答例

飛行機の客室乗務員として働くことは、私の小さいころからの夢でした。私は長期の休みになると必ず、海外旅行に出かけるのですが、丁寧で笑顔を絶やさず、気持ちのいい接客を心掛けるフライトアテンダントの方々に素晴らしい印象を持っています。ただ、皆さん受身であるところが私にはやや気になるところです。私は長時間の空の旅をもっと楽しく演出したいと思います。そのためにも「積極的な接客」をモットーに、この業界で活躍したいと考えています。まずは出発前の、安全確認のVTRを改善するというのはいかがでしょうか。真剣に見聞きしている人はほぼいないと思うので、注目度を高める方法を考えてみたいと思っています。

Check

どこまで乗客に積極的に関わるか、線引きは難しい。干渉されるのを嫌がる人もいるのだから。ただ「空の旅を楽しく」と述べ、「積極的な接客」というキャッチフレーズで印象付けられたのは良い。言葉どおり積極的な姿勢が伝わってくる。

NG回答例

華やかで、やりがいのある仕事だと思い、客室乗務員として働くことを夢見ています。もちろん墜落事故やハイジャックの危険にさらされるという命懸けの側面もあるでしょう。身近な例では、お酒に酔ったお客様にからまれてしまうことも。でも、それらマイナス材料を上回る憧れが、私にはあるのです。

Check

危険性についての理解を示して多方面から語ったつもりかもしれないが、結局は憧れているだけのレベルにすぎない。

OK回答例

　教育産業界というのは日本の将来を形成する分野だと考えます。ただ、教育というと最近はどこかマイナスイメージがあるように思われ、型にはめる、個性を奪うと言われることが少なくありません。今ほど教育改革が叫ばれている時代はないでしょう。だからこそ私は、この改革に参加したいと思います。個性を伸ばせる教育の追及は確かに簡単ではないのでしょうが、できないことではないはずです。好きなこと、得意なことにとことんのめり込める環境を整備することが、今以上に必要なのではないでしょうか。これから経験を積んで見識を深め、個性を伸ばす教育を模索していきたいと考えています。

―Check

　教育について真剣に考える姿勢が伝わってくる内容。個性を伸ばすことの重要性についてはすでに言われているとおりだが、見識を深めて追及したいとする意欲的な姿勢に好感を持てる。

注意! 回答例

　私が教育産業界を志望する理由は、女性にも働きやすい環境だからだと思うからです。御社の社員の方々をOG訪問させていただいたところ「女性でも責任のある仕事が任される」とのアドバイスを多数いただきました。そんな御社の柔軟な方針にも好感を抱き、志望しました。

―Check

　腰掛けではなく、長く働きたいという意気込みは感じる。ただし、女性にもオープンな職場であることが、教育産業界で働きたい最大の理由だとすれば、真っ当な志望動機とは言えないのではなかろうか。女性に手厚い業界は他にもある。

志望動機に関する質問

なぜこの職種に就きたいのですか？

回答の公式　P110参照

👁 ココが見られる

希望職種についての質問は、より具体的に何がやりたいのかを問うものだ。会社の志望理由はネームバリューによるかもしれないが、職種の希望理由は、本当にやりたいことに他ならない！

OK回答例

ぜひ営業職に就きたいと思っています。営業職こそ最もノルマを意識できる職種だと考えるからです。と申しますのも、私はノルマの課せられたことに対しては、がぜん張り切るタイプだと自認しております。ダイエットに取り組むときにも、月に5kg痩せると決めたら楽しみながら頑張れたものです。営業に求められる適正やスキルは、性格からプレゼン能力まで幅広くあるとは思いますが、ノルマを楽しめることも立派な能力ではないでしょうか。社員の間で月間ノルマレースなどがあったら、私は燃え上がらずにはいられません。

NG回答例

営業というのは押してばかりではいけません。引いて冷静となり、顧客、ユーザーを分析します。そして押せるところは押し、引くべきところは速やかに撤退することが大事でしょう。私は、ノルマに追いたてられるスタイルの営業はしないでしょう。もっと分析力を駆使した効率の良い営業を目指します。

Check

ノルマは嫌いと言っているようなものであり、営業を目指す人間としては意識が低すぎる。分析力も大事だが、一生懸命努力する人間のほうが、好感が持てる。

OK回答例

　私が一般職を志望する理由は、事務的な仕事がいかに重要であるかということを、アルバイトを通じて経験したことがあるからです。不動産会社の事務アシスタントとしてアルバイトを2年間させていただいたのですが、外回りをしている営業との電話での対応、来客の接待、各種の伝票づけなど、やるべきことは多く、しかも私が怠ったりミスしたりすると、仕事の流れもすぐに滞ってしまう業務というのも、少なくありませんでした。営業は花形ですが、私は性格的にも陰で支えるサポート役のほうが向いていると思い、一般職を志望しました。

─Key word ─

①経験を踏まえて説明。説得力を強めている。実務経験といえるレベルではなかろうが、仕事について理解できていそうだ。
②自分の性格を分析して、一般職向きであることを訴求できた。

NG回答例

　デスクワークを主とする一般職を希望します。性格的なことを考えても私は外回り向きではないように思います。人と話したり、人をおだてたりすることも苦手。どちらかというと、ひとりでコツコツとやるのが得意なタイプなので、そちらの方面で力を発揮できればと考えています。

─Check ─

　営業が嫌だから一般職に就きたい言っているようなもの。もっと自分のセールスポイントをアピールすべき。「コツコツやるのが得意で作業は丁寧です。アルバイトの経験から申しますと…」と話を展開したい。

志望動機に関する質問

OK回答例

　経理か総務に関する職種を希望します。そのために私は専門の学校に通い、大学の勉強に加えて経理と総務に関する知識を身に付けてきました。もちろん他の職種、部署に配属されてもそこで職責を果たし、仕事をやり抜く覚悟はできています。スポーツの世界でもポジションを変えたことがきっかけで、以前にもまして活躍した選手の話を聞きます。例え希望でなくとも、いろんな職種、部署を経験し、人間的な成長を果たしていくことの方が大事なのではないでしょうか。さまざまな経験を積む過程で、私は本当は何が得意なのか、何に向いているのかも発見できるようになると思います。

─Check─────────────────

　責任感の強さが感じられる。会社の方針を尊重し、その決定に柔軟に応じられる頭の柔らかさを示した。同時に職種にこだわらず、何ごとにも意欲的に取り組める態度が見て取れる回答。

NG回答例

　企画か広報の職種を希望します。ともにクリエイティブな要素が強いと思われ、大変憧れています。大学時代には広告代理店で2年間にわたるアルバイトを経験しました。そこで培った企画立案力を、ぜひ御社で試したいと思っています。

─Check─────────────────

　この回答からは、この学生が本当にクリエイティブな能力に秀でている人間なのか、判断しかねる。面接ひとつクリエイトできない人間が、創造性溢れる仕事をできるとは考えにくい。何か気の利いた一言でも用意してみよう。

OK回答例

　記者職を志望しています。そのために最低限必要と思われる英語を徹底的にマスターしました。政治経済、スポーツ、三面ネタに関してもボキャブラリーはある程度網羅しており、見聞き、読み書きにおいてほぼ不都合ないレベルかと思います。また、取材力や表現力が求められるのは言うまでもないでしょう。昨月、○○駅周辺の放置自転車についての問題を取材しました。本日はまとめ上げたレポートを持参しています。概要を申しますと、若者ではなく40代以上の人が放置するケースが多いという事実が浮き彫りになりました。中高年に向けてウォーキング効果を喧伝などをすると、有効な対策になるのではないでしょうか。詳細はこちらのレポートをお目通しください。

─Check

　まとめ上げたレポートは、その場で読んでもらえるとは限らない。ただし印象付けの効果は期待できるはずだ。

NG回答例

　記者職を志望したいと思います。新聞社にとって記者は花形。記者なくして、翌朝の新聞が各家庭に届けられることはあり得ません。時には紛争地域に赴き、命懸けで取材することもあるだろうと思います。私は、真実を伝えるためには危険を顧みず、命を懸けて職責を遂行する覚悟です。

─Check

　記者職に憧れる思いは伝わってくるが、記者職を遂行するために何ができるのか、残念ながら伝わってこない。取材力、表現力、企画力を高めるための勉強は怠っていないだろうか？

志望動機に関する質問

この業界の抱える問題、または将来性についてどう思いますか？

👁 ココが見られる

業界をめぐる社会情勢を客観的に見て理解できているかどうかを問う。企業の将来性を含め、その動向を俯瞰的に見て評価し、自分の考え方を交えて説明することが大切なポイント！

アピールポイント

問題を解決し、未来を変革するアイデアを語れ

サンプル
- 幅広い見識の持ち主
- 的確な分析力
- 問題解決能力

回答の公式

業界・会社研究 ＋ エピソード ＋ 提案

業界・会社研究

現状を正確に把握し、自分なりの考え方を交えて提示する

選択肢
- 不景気
- 物が売れない時代
- 勝ち組、負け組

エピソード

問題点について、具体的なエピソードを提示しよう

選択肢
- PC不況
- 中小企業の倒産
- ネットビジネスの台頭

提案

問題について自分ができること、やりたいことを説明

選択肢
- ヒット作の創作
- 視点の変換
- 集客のためのアイデア

OK回答例

コンピュータ業界というのは技術革新が日進月歩。消費者の商品に対する意識は常に変化しており、それに伴いニーズも随分と違ってきていることが確かめられます。このような市場では新製品を乱発して購買意欲をあおる戦略は、もはや通用しないと思います。量ではなく質を求め、同時にロープライスで提供できることが重要です。質の向上に関していえばサポート体制の整備も必須でしょう。今後は若い人だけでなく、定年を迎えた60歳代を視野に入れ、今までよりも分かりやすいサービスを提供する必要があります。この世代をどのようにして、獲得できるかが業界各社とも問われているのではないでしょうか。

─Key word ─

①社会情勢を踏まえて、業界が目指す新ターゲットを提案している。サポートサービスという発想の着眼点も良い。

NG回答例

コンピュータ業界は、今後ますます安定性が高まってくるのではないでしょうか。21世紀の子供たちは小学生のころから、いえ、もっと早い年齢からコンピュータを使い始めます。製品需要はさらに拡大し、市場規模も飛躍的に膨れ上がるでしょう。このような将来性を見込めるからこそ、私はこの業界に魅力を感じているのです。

─Check ─

業界のお世辞を言うことに終止してしまった。業界の将来性に見込みがあることを懇切丁寧に説明するのではなく、あなたに将来性があることを交えて語ることが重要なのだ。

OK回答例

　同様のスポーツクラブが乱立していることを考えると、もう少しは淘汰の動きが続くでしょう。そして御社のような経営基盤とスタッフの教育とがしっかりとしているところが、勝ち組になるのではないでしょうか。その後は、差別化を明確にできるクラブが生き残る。私は競技志向、レジャー志向、ローコストまたは高級志向といった具合の特徴出しが有効ではないかと分析します。例えば「運動音痴限定クラブ」などいかがでしょうか。とにかく同じような企画を立案する競合クラブが無数にあります。お客様に「ユニークな取り組みをしているクラブだ」と印象付けられるようにすることが、大切だと思います。

Key word

①現在を立脚点とした未来予測ができている。「今後はこうなる！」と声高に叫ぶだけでは、予測ではなく占いに等しい。

②実現可能かどうかは不問。ここでユニークなアイデアを。

注意! 回答例

　不景気の波を受けて今はスポーツクラブも閉鎖に追い込まれているところが多いと聞きます。入会金を無料にするなど、何かしらの金銭的サービスを実施して、ライバルより少しでもお得感を出していくことが大切でしょう。今後は少子化も進み、ますます運営は厳しいものとなってくるかもしれません。厳しい状況ではありますが、頑張って苦境を脱したいと思います。

Check

　話の内容が間違っていないとしても、暗い見通しばかりを語るのは印象的に損だ。苦境を変えていくのが、これから入社する君の使命。こんな企画で明るい未来を創造したいと述べる。

OK回答例

　物が売れない厳しい時代ではありますが、だからこそ何かを
きっかけとして爆発的なヒットを生み出しやすい将来性を、内
包しているとも言えます。ひとつブームを生むことでひとり勝
ちできるのが今の時代です。魅力的なものを供給すれば、ユー
ザーは確実についてきます。もちろんヒット作というのは狙っ
て出せるものではありません。ですがブームの火種はいくらで
もくすぶっているものです。ターゲットを女子高生から男子高
校生にするとどうなるか。こういった提案をひとつ投げかける
だけでも、アイデアがポンポンと飛び出しそうになります。

Check

　物を売る業界においては楽観視しにくいのが現状。ここで
将来をどれだけ明るく見られるかが大事なのだ。この回答は
具体例を示せてはいないものの、問題解決の糸口は提案で
きている。

NG回答例

　今やだれもが整理し切れないほどの物を持ってしまってい
る、圧倒的な買い手市場。一昔前の、ただ商品を並べていれば
売れる、安くすれば売れるという時代ではなくなりました。今
はまさに、忍耐のときでしょう。手持ちの物品は時間が経てば
必ず消費され、使えなくなります。「時間がすべてを解決して
くれる」というのは、こんな場合にも当てはまるのではないで
しょうか。

Check

　成り行き任せの、消極的なムードが漂う。自分が何とかしてや
るという積極性が感じられない。再三いうが、あなたが提案する
アイデアが現時点で実現可能かどうかは重要ではない。面接官
に印象付けられるかどうかが、重要なのだ。

この職種に就く人に必要なものは何だと思いますか?

回答の公式　P122参照

👁 ココが見られる

志望する職種に対する意識の高まり具合を問う質問。自分が必要だと思うものを、現時点では身に付けていなくてもいい。ただしマスターしたい、または習得しようとしている旨を伝えよう!

OK回答例

商品開発という職種ではマーケティングに関する専門的知識、例えば統計学への理解や、データ読解力などが必要不可欠なのではないでしょうか。ただ、それ以上に重要だと私が考えるのは、知りたいと思う貪欲な好奇心。人気商品に関しても、どうして人はそのことに関心があるのか。どうしてそれが今、ブームなのか。またはなぜブームは去ってしまったのか。そういったことを知りたいと思う好奇心が、重要なのではないでしょうか。今後は定年を迎えたシルバー世代への商品に、一層の注目が集まるでしょう。使いやすさと見た目のデザインを両立させた食器洗浄機を企画してはいかがでしょうか。

NG回答例

スタティスティクスに関する専門的知識が、業務を円滑に行う上では大切。私はそう考え、専門学校で3年間勉強しました。恐らく即戦力として活躍できるのではないかと思います。

Check

専門学校で統計学については学んだ。ではその知識を使って自分は何ができるのか?　それを答えること。

OK回答例

自在に扱うことのできる語学力プラスそれを駆使した交渉力ではないかと考えます。英語ができることは、御社の国際部で働くにあたっては必要不可欠であることは言うまでもありません。今は英語ができることが、もはや武器にはならない時代です。できて当たり前であり、それを道具として使って何ができるかが大切なのだと思います。英語で交渉ができることは強みになるのではないでしょうか。私は交渉力向上のためのセミナーに出席したり、本を読んだりして自己研鑽に務めてまいりました。あとは御社の教育システムにて鍛えていただき、世界を相手に活躍したいと考えております。

Key word

①志望する職種に対する意識の高まり具合を感じ取れる。「まだ勉強していません」と答える学生とは随分違う印象だろう。

NG回答例

英語力については、かなりの自信があります。大学生のうちに英検は準1級を取得。オーストラリアへのホームステイの経験なども、2週間ほどですがあります。この英語力を駆使し、御社の国際部で活躍したいと思います。

Check

横に帰国子女の志望者が居合わせていたら？ 英語力だけで勝負しようとするこの学生は即刻不採用だ。英語ができる学生などごまんとおり、それだけで勝負しようとしてもかなわない。これはすべての資格に共通していえることだ。資格を使って何ができるかといったワンランク上のレベルが要求されている。

OK回答例

　希望する営業職で必要だと思うのは、熱意だと思います。商品、品物を買っていただくためにお客様に営業させていただくわけですが、最終的には買っていただけるのは物ではなく、営業マンの信頼性ではないかと思うのです。いくら良い製品を用意しても、営業マンが信頼されないとお客様は購入されようとは思いません。製品と営業マンの両方において信頼性が得られたとき、初めて交渉は成立するのだと思います。私は信頼性を獲得するために、時間の許す限りお客様に試され続けたいと思います。理解を得られる努力を、決して惜しみません。

Check

　職種に関する専門知識、技能がない場合は、こういった人間性を訴える回答で切り抜けるのが得策。面接官がどんな人間を採るかは、回答が示すように、やはり人間性なのである。

NG回答例

　営業職に必要なものは、売ろうとするものについての知識です。お客様に質問されたら、どんなことでも即座に回答できるようにしておかなければなりません。その場で「調べておきます」などと答えたら、信頼性を失ってそっぽを向かれてしまうのではないでしょうか。営業職は、取り扱うものの知識を、完璧に蓄積しておく必要があると思います。

Check

　間違ってはいないが当たり前のことだろう。分かり切っていることを面接で答えても全然プラスにはならない。製品情報が大切と思うなら「私は御社の○○について何でも答えられます。例えば…」といった内容にしよう。

OK回答例

　デザイナーとしての必要最低限の知識は、身に付けておかなければならないと思います。私は専門学校に通い、デザインに必要とされる各種アプリケーションの操作方法を学びました。専門学校に通うと変な癖が付くなどとよく言われますが、そんなことよりも学ぼうとする意欲のほうが重要だと考えます。また、デザイナーは美的感覚や空間認知力、配色センスなどを常に研ぎ澄ませておく必要があると思いますので、週末には銀座に外出し、優秀なショップディスプレーなどに目を凝らします。デザイン性の高い雑誌、ポスターカタログもよく見ます。

Check

　必要とされるものを、就職前から勉強しているという姿勢がプラス材料。「仕事のことは、就職してから勉強すればいい」程度に考えている人間とは、明らかに差別できるだろう。

NG回答例

　デザイナーという専門的な職種においては、もちろん専門的知識が必要不可欠でしょう。これは仕事をするうえで最低限持っておかなければならない道具であり、ないと困るものです。次にその道具を使いこなすテクニック。また、徹夜の仕事なども多いでしょうから、体力も必要なのではないかと思います。

Check

　必要なものを列挙したが、面接官は必要と思うものの中であなたが持っているものは何かということを聞いている。体力ならその話で押せばよかった。「というのも…」としてユニークな回答をすれば、専門知識を持つ志望者より高評価となる。

志望動機に関する質問

この会社のイメージについて、どう思いますか？

◉ ココが見られる

良いか悪いかということになれば、良いと答えるべき。ただし、オベンチャラに終始してはいけない。良いと思うイメージを伝えつつ、会社のことを十分研究できていることを訴求するのだ！

アピールポイント

企業研究していることをアピールし、熱意を伝える

サンプル
- 研究熱心
- 意欲の高さ
- 愛社精神

回答の公式

エピソード + 会社研究 + 展開

エピソード

会社と自分との具体的な関連性を説明

選択肢
- 馴染み深さ
- 製品ユーザー
- OB、OGの存在

会社研究

会社についての基本スペックを確認

選択肢
- 創立、資本金、株価
- テクノロジー
- 特筆すべき取り組み

展開

イメージと研究内容をベースに、会社で働きたい旨を強調

選択肢
- 働く喜び
- 夢の実現
- やりがい

OK回答例

　御社は、印刷の分野では我が国で最大のシェアを誇るリーディングカンパニーです。半世紀にわたってこの業界を力強くけん引してきました。私は読書好きなのですが、巻末を見るたびに御社の名前を見つけては、「大きな会社だ、印刷業界をリードするパイオニアだ」と畏敬の念を持って接してきました。そういえば、○○出版の「○○大全」も御社のお仕事だったように記憶しています。日本一の印刷技術を持つ御社で、ぜひ粉骨砕身して会社に貢献したいと思います。

―Check―

　企業についてのいいイメージを伝えたうえで、自分の志望理由も伝えられている。就職に対する真剣味が窺える回答といえるのではないだろうか。

NG回答例

　もちろん、とてもいいイメージを持っています。明るい雰囲気、自由な社風は、社の内外を問わずだれもが認めるところでしょう。それでいて就職志望者の人気ランキングでは、毎年業界のトップ3に必ず入る実績もございます。まさに、我々学生にとっては憧れの企業であり、入りたいと思っている人は少なくないと思います。

―Check―

　この質問に対しては、志望者の全員が例外なく「いいイメージ」だと答える。明るい雰囲気だとか、自由な社風だとか、ありきたりな言葉を使った時点でもうダメだ。面接官は聞き飽きていて「ああ、またか」と思う。自分をアピールすることを忘れないようにしよう。

当社を何で知りましたか?

回答の公式　P130参照

◉ ココが見られる

新聞か雑誌かということを聞いているのではない。どういういきさつで会社に興味を持ち、志望に至ったのかを聞いている。つまりは志望理由だ。企業研究をベースに自分の熱意を伝えよう!

OK回答例

総合事務機器メーカーから総合OA機器メーカーへと飛躍したことに伴い、御社は数々のヒット商品を生み出しました。昨年のヒット作「○○○」は我が家でも大活躍しており、色違いを含めると7台もあります。ユーザーの視点に立った商品開発は他のメーカーを一歩リードしており、御社の商品コンセプトをマネした類似品が後を立ちません。この躍進は若手社員の意見を積極的に吸い上げる草の根レベルの情報収集と、リスクを恐れない先行投資という両輪が見事に結実したものと分析しています。そんな御社の方針に強く魅了されました。

注目!回答例

ウェブ検察の途中で、偶然御社のサイトを見つけました。ユニークな製品を数多く生み出しており、楽しそうな会社だと思ったのが興味を持ったきっかけです。あのような遊び心のある商品を生み出した商品開発力には、正直感服しています。私もぜひ、遊び心いっぱいのヒット作を作りたいと思います。

Key word

①今ではホームページを持っている企業も当たり前なので、インターネットがきっかけでも問題ないだろう。ヒット作の具体案も盛り込みたい。

OK回答例

会社の技術力の高さを推し量るべく、各社の製品を使い勝手の良さという側面から分析しました。これについては、私の使用感、及び家族、友人の協力もあり、約200の回答を得ています。リサーチした結果、御社の製品が群を抜いて高い評価を獲得したのです。これは、御社が総合開発研究所に長年注力してきた結果と言えるでしょう。私が御社を第一志望としたことが正しいことを、確信いたしました。同業他社と比較した製品データを打ち出すことで見えてきた、御社の圧倒的な技術レベルの高さ。私もそんなレベルの高いところでも磨かれ、優秀な技術者になりたいと思います。

Check

しっかりとした企業間研究ができている印象。就職活動を真面目に行い、志望する企業に強烈な思い入れがあることを伝えることができている。

NG回答例

新聞で知りました。御社は昭和12年、初代永田○○社長が創立し、現在資本金20億6千万円。年商は昨年度の実績で280億を記録し、業績を確実に向上させています。今やわが国トップクラスの繊維メーカー。一方では来年より食品部門への展開も検討中であり、今後さらなる規模の拡大が見込まれています。

Check

会社案内のパンフレットを読み上げたような、内容の薄い回答。考えてもみてほしい。「あなたは平成5年生まれの○○大学に通う学生。趣味は読書で…」と他人に説明されても、「そんなことは自分が知っている」と言いたくなるのではなかろうか。

仕事で大切だと思うことは何ですか?

👁 **ココが見られる**

　何を大切と思っているかを聞き出すことにより、その仕事に対する見識の有無、認識の正確性を判断できる。仕事に対する心構えが問われていると考えよう。社会人としての自覚を持つこと!

アピールポイント

好きで仕事をするのだということを積極的に言及する

サンプル
・楽しむ姿勢
・独自の哲学
・業務の正確な認知

回答の公式

　夢・願望 ＋ 分析 ＋ 展開

夢・願望

是が非でもやり遂げたい
あなたの夢

選択肢
・社会への貢献
・ヒット商品
・生きがい

分析

業務内容を分析し、
仕事の哲学を語れ

選択肢
・仕事を楽しむ
・使命感
・目標設定

展開

仕事を通じて
人間的成長を果たす

選択肢
・達成感
・人生計画
・成功体験

OK回答例

　仕事を、常に楽しんでやろうとする心構えだと思います。つらい仕事も地味な仕事も、すべては考え方しだいであり、それを楽しもうと心掛けて行うことで、やる気が湧いて積極的に取り組めるのだと思います。OB訪問したところ、御社の業務は徹夜も多く精神的に厳しいところもあるとお聞きしています。ですが、だからこそやり遂げたときには充実感もひとしおというものでしょう。私はこの考え方を人生のどんな場面にも取り入れてやってきました。楽しもうとすることが、仕事を精力的にこなすための原動力になるのだと思います。

Check

　「どんな仕事も考え方しだい」だという考え方を、ＯＢ訪問の体験を交えて話したことで、自説を強調できた。話している内容は共感できることだ。

NG回答例

　精神力だと思います。日々の仕事は楽しいことばかりではなく、逆につらいことのほうが多いと思います。特に、お客様と直に接するデパート業務では、クレームへの対応に嫌な思いをすることも少なくないでしょう。そこで、どれだけ忍耐できるかが大切なのだと思います。私のウリは精神力の強さであり、ちょっとやそっとではくじけないと自負しております。

Check

　仕事がつらいということばかりを強調するのはマイナス。しかも、それに耐えるということが仕事で最も大切なことなのか？　ＯＫ回答例と比較してほしい。どちらが前向きな態度で仕事をしてくれそうな志望者だろうか？

あなたにとって、
仕事とは何ですか？

回答の公式　P134参照

◉ ココが見られる

働くことの意味について、その回答を学生に求めること自体無理があろう。それくらい哲学的にも難題といえる質問。面接の場では前向きな回答をすること。働きたい意欲を熱く訴えよう。

OK回答例

仕事を通じて多くの人に出会い、多様な考え方を学びたいと思っています。社会に出れば、私より年齢も肩書きも上の人がほとんどで、その中には仕事でなければ会えない人もいるでしょう。私は学生時代ウェイトレスや営業アシスタントとしてアルバイトを続け、今でも良きアドバイスをくださる人と知り合うことができました。仕事を仕事として終わらせるのではなく、自分が成長する上での付加価値を、人との出会いに見出したいと思っています。

注意! 回答例

仕事とは何かと問われれば、私は生活の糧を得るものと答えます。現実はシビアであり、金のために働くという大前提は無視できません。無償で働く人がいないことを考えれば、当然のことです。まずは自己の生活基盤を確立させたいと考えます。

Check

面接の場だということを忘れないようにすべきだ。金のために働くという気持ちがあってもいいが、それがすべてか？　働くことの意味を、もう少し深く掘り下げて考えるべきだ。

OK回答例

アイデンティティの確認といっても、大げさではないと思います。それくらい、仕事が人生に占める割合は大きいでしょう。仕事を通じて社会とつながり、自分の居場所を確立する。そしてやりたいこととやるべきことをまっとうするというのが、仕事であると考えます。御社が世に送り出す数々の絵本は、将来を担う子供たちの心を育むもの。情操教育の観点からいってもこの上なく重要であると考えます。私は、企画立案を志望していますが、広報や営業販売といったどの業種でも必ず貢献できると信じています。わたしのやりたいことは、子供たちに多くの絵本を届けること。そのために、目の前の業務に全力で取り組みたいと思います。

Check

仕事に揺るぎない信念を投影できている回答。人生をかけて取り組む姿勢が窺い知れる。

NG回答例

ある年齢に達し、専門的に勉強することも終了すれば、仕事をするということはある意味当然でしょう。仕事をしたいとかしたくないとかいうことではなく、それはするものなのだと思います。資本主義社会において、働かずに生活している、できているという人はほんのわずかしかいない。微力ながら私も産業、経済を動かし、社会を形成する一部となるのだと思います。

Check

消極的な印象の回答。もっと「こういう仕事がしたい」「こういうことで社会に役立ちたい」といった前向きな姿勢を示してほしい。働かされるのか働きたいのか。この違いが大きいのだ。

あなたは何のために
仕事をするのですか？

回答の公式　P134参照

👁 ココが見られる

　これも哲学的な質問であり、正確な回答はないと思っていい。ただし、面接の場であるから、前向きな考え方をアピールすべき。義務的に働くのではない。あなたには、働く権利があるのだ！

OK回答例

　私が医療関係の分野で働きたいと思うのは、早くに父をくも膜下出血で亡くしたからです。当時は手の施しようがなかったらしいのですが、今の医療技術をもってすれば助かるものであったと聞いています。医療の発達により寿命をまっとうできる社会が実現する。5歳の私を残しこの世を去った父の無念だったろうを思いを、自分の職業に照らし合わせ志望しました。

Check

　医療関係への就職を切望していることが伝わる内容。抱く夢を仕事に投影できており、使命感が感じられる。

NG回答例

　両親がある程度名の通った病院で働いているので、家族で話すことも自然と医療関係の会話が多くなり、私は幼いころから自分も医療の分野で仕事をするのだろうと考えていました。御社は薬品メーカーとして最大手であり、新薬の開発にも積極的で常に業界では注目される存在です。御社のような大企業に入社すれば、両親とも満足してくれると思います。

Check

　自分が希望する就職ではなく、成り行き任せの選択だったような雰囲気。両親を満足させるための就職なのだろうか。

OK回答例

　家族的な幸せ、公私にわたる良い人間関係、そしてそれらの
ベースを支える企業人としてのある程度の成功。これらは私に
とって、社会人としてどれも達成したいことばかりです。特に
経済的基盤を形成する仕事は、ことさら重要です。つまり仕事
は人生を演出するツールであると同時に、人生そのものである
と考えています。だからこそ私は、仕事に真剣に、そして楽し
みながら取り組みたいと思っています。何のために仕事をする
のかと問われれば、私は前向きに生きるため、人生を精いっぱ
い楽しんで生きるためだと答えます。

Check

　哲学的な回答であり、他人が正解とも間違いとも言えるもの
ではないが、全体としては仕事を誠実にする人間であろうことが
推測できる。

注意！回答例

　入社したら出世したいと思います。これはサラリーマンの目
標ではないでしょうか。嫌な仕事もつらい仕事も、出世と引き
換えだと考えれば引き受けることが苦になりません。そうして
小さな実績を作っていくことで、私にも大きなプロジェクトが
任される日が来るのだと思います。何のために仕事をするのか
と問われれば、当面は出世のためと考えるのが、本音です。

Check

　出世のために仕事をするというのも、その人の生き方だから間
違いではない。本音で話せる人間だということも確認できる。た
だし、面接の場でこれを言及するのがふさわしいだろうか。

入社して取り組みたいことは何ですか？

👁 **ココが見られる**

今、会社が取り組んでいることを答えるのではない。それはあなたではなくてもできるし、前任者もいるはずだ。今は会社がやっていなくて、自分がやってみたいことを答えるようにしよう！

アピールポイント

仕事で成し遂げたい夢があることを語る

サンプル
・社会的成功
・人々への貢献
・国際的活躍

回答の公式

会社研究	+	能力	+	願望

会社研究

会社がやっていることではなく、やっていないことに着目

選択肢
・新製品の開発
・環境問題
・新規事業への参入

能力

自分にできることが何なのかを具体的に強調

選択肢
・企画力
・研究開発力
・失敗時のリカバー

願望

取り組みたいことに対する熱意を語る

選択肢
・やりがい
・努力目標
・リターン

OK回答例

　私は卒論のテーマに、「ナノテクノロジーが実現できる超高密度の世界」を選びました。ご存知のとおりナノテクノロジーは10億分の1メートルの世界を操作する技術で、素材そのものの物性もガラリと変えてしまうことができるというものです。私はこの技術を応用し、ガラスの耐久性向上を実現したいと思います。ヤリで突こうともハンマーで叩こうとも、絶対に割れない窓ガラスは、防犯や災害に役立つ、画期的な商品になるのではないでしょうか。また、コストを度外視すれば食器類に使うのも有効です。ぜひ御社で実現させていただきたいと思います。

─**Check**───────────────
　卒論のテーマから自分の専門性と関連付けて、やりたいことを説明できている。ナノテクノロジーという注目の集まる技術にも知識があることを示していて、効果的な解答となった。

NG回答例

　御社が大ヒットを飛ばした「○○クリーナー」のパート2を作りたいと考えています。あの製品は非常に便利でデザイン性にもすぐれ、特に若い女性の間では社会的なブームとなりました。最盛期には生産が追いつかないほどの好調な販売を達成したとのことですが、そのパート2を手掛けたいと思っています。

─**Check**───────────────
　これから入社する人間の取り組みたいことが、ヒット商品の二番煎じというのは情けない。そんなヒット作があるなら既にパート2のアイデアは社内で出ているだろうし、それはパート1で実績を作った先輩社員たちに任せておけばいい。あなたよりもずっとうまく仕事をこなしてくれるだろうから。

5年後のあなたはどうなっていると思いますか?

回答の公式　P140参照

👁 ココが見られる

5年後といえば、ひと通りの仕事を覚えてまさに脂の乗ってくる時期。この時期の仕事の仕方が、定年するまでの仕事の方向性を決定付けるとさえ言えるのだ。5年後は何をしているだろう?

OK回答例

5年後、私はクリーンエネルギー開発チームで、新エネルギーの研究をしたいと思っています。今後のエネルギー業界は、石油の枯渇や地球環境保護の観点からいって、クリーンエネルギーの開発が研究テーマのメインとなってくるはずです。御社は既に水素燃料の研究と開発に取り組んでおり、専用の研究施設もドイツに設けています。水素を燃料として走る車の実用化を目指して、研究所での勤務①ができるよう御社で5年間実績を積みたいと思います。

Key word

①夢を語ろう。不可能だとハナから決め付けないこと

NG回答例

恐らく、結婚しているのではないでしょうか。子供は2人くらいはほしいですね。子供が男の子なら、私の果たせなかった夢、野球選手になることを目指して特訓させるつもりです。また、ライフプランを明確にする必要もあるでしょう。家の購入、生命保険の見直しなども、入社して5年くらい経ったこの時期に考えるかもしれません。

Check

5年後のプライベートを語っても0点だ。キャリアプラン、もっといえば仕事の目標を語るべきである。

OK回答例

　御社の有するソーラーシステム開発力を尊敬しています。私は高校時代からソーラーカーに興味を持ち始め、大学生のときには自作して全国規模のコンペティションにも参加しました。コンペでは走行性能だけでなく、車両のマーケティング、設計及び製作、コストなど、物づくりにおける総合力が競われます。そこで私たちのチームは全国で4位に入ったのです。地球にやさしい再生エネルギーである太陽光を商品化し、製品開発を進めておられる御社の事業をより発展させられれば光栄です。5年後にはぜひ、ソーラーカーの一般的実用化を目指したいと思います。

Check

　ソーラーシステムについて強い興味があることを訴求。仕事の内容と自分の興味を結び付けて答えられている。学生時代のエピソードを交えているので印象にも残りやすいだろう。

注目！回答例

　「この仕事なら○○君だ」「このお願いなら○○君に頼めば大丈夫」「この分野は○○君が得意」と言ってもらえるような人間に成長していきたいと思います。そのためには幅広い知識を身に付けておく必要があると同時に、人間的にも信頼を得られていなければなりません。入社したならば、知識を貪欲に求めるとともに、理想的な人間関係も築き上げたいと思っています。

Check

　「この仕事なら」「このお願いなら」「この分野は」というところを具体的に示してほしい。「フォトショップの操作なら○○君なら間違いないよ」と言ってもらえるような存在を目指そう。

10年後のあなたはどうなっていると思いますか?

回答の公式　P140参照

● ココが見られる

10年後のあなたは中堅どころをしっかりと守るべき人間。重職を任される人も少なくはないだろう。自分より会社を優先させて考えなければならないこともある。10年後が想像できるだろうか。

OK回答例

御社が手掛け始めようとしておられるバイオテクノロジーについての取り組みが軌道に乗り、10年後には次のステージへと移行していることでしょう。既存製品にもバイオ技術が応用され、一層エコロジカルな印象の企業になり得ていると思います。私はその取り組みの中核を担う存在でいるとともに、次の時代を支える人材を教育できるポジションに就いていたいと思います。新人を有能な人材へと教育するのは、キャリアのある人間の務めです。御社で勤務した10年の実績が、御社にとって有益だと判断されるよう精進いたします。

NG回答例

10年後は少子化傾向が加速し、ますます大きな社会問題になっていると思います。この幼児教育業界も恐らく、深刻なダメージを受けることになるでしょう。未来は決して楽観視できるものではないと思います。そんな中でも私は、一生懸命仕事をこなし、御社の発展に貢献したいと思います。

Check

楽観視できない業界を、どうにかして楽観的に見られるようにすることがあなたの役割。そのプランをここで発表しよう。自分のやりたいことを語ることが面接である。

OK回答例

　上司からはプレッシャーをかけられ、部下からは愚痴をこぼ
され、そうして中間管理職を楽しんでいると思います。私が目
指すポジションは、上からも下からも存在感のある立場でいた
いということ。これは所属していた野球部で経験したことです
が、いい意味でも悪い意味でも「あの人がいるから」と思われ
る人間は、非常に魅力的だと思うのです。存在感の薄い人間に
はなりたくありません。そのためにも、積極的に自分から進ん
で仕事をし、目立つようにしていきたいと思います。

Check

　10年後の自分が想像できているか、キャリアプランを描け
ているかがポイントとなる。存在感という切り口で中間管理
職のあり方を自分なりに分析。仕事への積極性へと話をうま
く展開できている。

NG回答例

　30代中盤の私は精力的に働き、時には怒られたり、時にほめ
られたりしているのだと思います。まだまだ体力も残っているで
しょう。御社のサッカー部は楽しい雰囲気であるとOBの方々に
聞いていますので、そこでも活躍できる選手でありたいと思っ
ています。職場の雰囲気にも慣れ、仕事を楽しみながら和気あ
いあいとできるようになっているのではないでしょうか。

Check

　どこか幼い感じがする。大学生の精神年齢を引きずったまま、
年だけ取った人間になってはいないか。きっと部下もいるだろ
うし、会社の中核を担う人間になっているだろうことを、もっと意
識してほしい。

とても当社には
向いていないようですね

●答えにくい質問

◉ ココが見られる

本当に向いていないとは、面接官は思っていない。答えにくい質問に対するうまい切り返しが、ポイントアップの要点だ。プレッシャーを楽しめる精神力の持ち主かどうかが、問われている。

OK回答例

人から大人しいと言われる性格のことを鑑みると確かにそう捉えられるかもしれません。ただし一方では慎重であり物事に丁寧に取り組む姿勢も持ち併せています。ウェイトレスのアルバイトを4年間、お皿を1枚も割ることなく務め上げたことが私の自慢です。この慎重性を仕事にも活かしたいと思います。

Check

面接官の指摘を突っぱねずに一度受け止め、「大人しい→慎重だ」という切り返しで性格のマイナス性をプラスに転じ得た。ウェイトレスの経験談も具体的で良い。

NG回答例

そのような印象で受け止められるのは、少々ショックです。私は向いていると思って志望したのですが…。どこが向いていないのか、私にも分かるように説明していただけないでしょうか。もちろん向いていないところは改めるつもりですが、その理由が分からないままでは改めようもなく、納得できません。

Check

向いていないと言われてそのことを認め、気落ちしてしまう、または逆ギレしてしまうのは最悪。面接官は圧力の加えられた状況をどう切り返すかを試している。

もし不採用になったら、どうしますか？

●答えにくい質問

◉ ココが見られる

志望する会社に、どれほどの思い入れがあるのかが問われている質問。本当は「他社を受ける」であっても、ここは「御社しか考えていない」と答えるべき。そうでないと会社に失礼だ。

OK回答例

御社が第一志望で、御社に採用されることを強く願っています。そのためにもOBを訪ね、業界研究をし、自己研鑽に励みました。多くの学生が御社に新入社員として配属されることになると思いますが、私は既にOBから新人研修の概要や必要なスキルについての情報を集めています。御社は新人であっても積極的に売り場のひとつを任されると聞きました。私はアルバイトですが、婦人服売り場で販売員の経験がありますので、研修後は即戦力として活躍できる自信があります。今は合格を信じて疑いません。

NG回答例

不幸にして御社で不採用ということになれば、残念ですが同業のA社を受けます。A社は御社に比べると業界シェアで劣りますが、この業界で働くことを望んでいるので、仕方ありません。御社が不採用の場合は、その会社で頑張ります。

Check

自分はどうしてもこの会社に入りたいのだという熱意が感じられない。第一志望に対するこだわりを、もっと前面に押し出し、アピールしないと自分が損だ。

志望動機に関する質問

筆記試験の結果が
良くなかったようですが

●答えにくい質問

👁 ココが見られる

答えにくい質問をぶつけて、出方を探っている。筆記試験で至らなかったところは必死に勉強することを説明して、あくまでも前向きであることをアピールしよう。消極的になったら、ダメだ。

OK回答例

確かに難しい筆記試験でした。特に英語ですが、大学3年時に受けたTOEICのスコアが600点だったこともあり、大きなショックを受けました。しかし、いつまでも落ち込むことなく、気持ちの切り替えが早いのも私の長所です。御社からの帰路、早速問題集を買いその日の間に模擬テストに取り組みました。筆記試験の結果は、身に付けた能力は日々使わないと衰えてしまうことを知る良い経験になりました。入社するまでに、猛勉強しTOEICのスコアを100点上げたいと思います。

Check

ただ勉強すると言うだけではなく、具体的な数字を入れることで信頼性が得られている。

NG回答例

そうですか。残念ですが、もう済んでしまったことだから仕方がありません。この面接で何とかして、挽回したいと思います。しかし私としては時事問題を除いて、おおむね自信を持って答えられたと思っていたのですが…。

Check

至らなかったところを、仕方がないと突き放してはいけない。リカバーする姿勢を、今の面接の場で示すこと。

顔色が良くないようですが、どうしましたか?

●答えにくい質問

👁 ココが見られる

体調は日々変わるから本来顔色についてとやかく言われる筋合いはない。しかし面接ではこのような質問から姿勢や態度を問われる。前向きの理由で顔色がすぐれないのだとこじつけよう。

OK回答例

第一志望である御社の面接ですから、多少は緊張していると思います。ですので、顔色がいつもより悪いかもしれません。とは言うもののこの顔色は生まれつきでもあります。「どこか具合が悪いの?」と聞かれることは多いのですが、私本人はいたって健康で、空手歴10年の有段者です。稽古が主に体育館や屋内で行われるものですから、色白のまま過ごしてきてしまったのではないでしょうか。今後はビーチバレーなどアウトドアのスポーツに取り組もうかと思います。

OK回答例

実はゼミのレポート作成を夜通し行っていたため、寝不足気味なのです。レポートの期限はまだ余裕がありますので、面接前日に無理をする必要はなかったのですが、手詰まり気味だったアイデアにようやくメドが立ち、忘れてはいけないと思い一気に作業を進めてしまいました。レポート作成中は作業に集中していたためか、疲労を感じてはいなかったのですが、体は嘘をつかないようです。それにしても、まさか指摘されるほど悪く見えるとは思っていませんでした。今日は早めに就寝し、また明日からがんばりたいと思います。

すでに内定をもらった会社はありますか?

●答えにくい質問

◉ ココが見られる

　内定を隠したがる学生がいるが、とんでもない話だ。1社もまだ受かっていない学生を、どうして採る気になれる？　内定があれば堂々とアピール。その上で御社が第一志望だと告げよう。

OK回答例

　御社とは同業ということになりますが、A社とB社の内定をいただいています。ただし、御社で内定をいただけるようであれば、他社はお断りします。私はあくまでも御社が第一志望。他社と比較した場合、私の志望するシステム開発に対する個人の自由度は御社に及びません。会社の規模ではなく、私自身が充実した仕事に取り組める環境であるかどうか。それが第一志望を決める上での大きな要因でした。A社とB社には丁寧に、お断りの連絡を入れさせていただきます。

Check

　同業他社に受かった人間であれば、面接官は一目置く。あなたに対する期待値も高まるはずだ。

NG回答例

　私は御社が第一志望ですべてをかけており、他社を受ける気などは毛頭ございません。なので、他社の内定などはなく、意気込みはすべて御社に向けています。御社に対する熱意、憧れをくみ取っていただけると幸いです。

Check

　このご時世に1社だけで勝負しようとするだろうか？　常識ある人間なら、予防線を張ることを怠らないだろう。

内定後も就職活動は続けますか？

●答えにくい質問

👁 ココが見られる

本音は「YES」でも、建前では「NO」と言っておくのが、会社に対する礼儀だ。「御社で内定をいただければ、他はいらない」と訴え、第一志望であることを強調することがポイントとなる。

OK回答例

第一志望の御社で内定をいただけることが確約されれば、私の就職活動はその時点で終了です。同業他社を含めた業界研究をした上で御社が第一志望だった訳ですから。他に内定をくださった会社へは、お断りの連絡を入れるでしょう。これからの時間は、御社に就職してから少しでも早くお役に立てるよう、仕事に関する勉強に取り組みたいと思います。

Check

就職することがゴールなのではなく、スタートであり、これから自己実現のために働くのだという意欲が窺える。

NG回答例

もちろん、御社で内定をいただければ、もう就職活動をする必要もありません。終了です。あとは残った大学生活を、存分に満喫したいですね。内定祝いを兼ねて、どこか旅行にでも出掛けたいと思います。

Check

内定話に浮かれたNG回答例。これでは、出そうとしていた内定も取り消されかねない。内定をもらったあかつきには、働く準備をしたいと答えるべきだ。

今日の面接は、自分では何点くらいだと思いますか？

●答えにくい質問

◉ ココが見られる

自己採点だから、回答は何点でもいい。ただし低すぎる点数だとどうしても面接官の印象も低くなる。「25点です」と答えたら、「25点の人間は採りたくない」と思うのが人情だ。

OK回答例

若干甘めかもしれませんが、おおむね90点くらいの自己採点をしております。自己紹介、志望理由など、私が思うところをお話することができました。あとの足りない10点は、私の長所を完全には伝えられていないところにあります。これからそれをお話したいと存じます。

Key word

①自信を持って言い切る。「うまく言えなかった」などなど泣き言はNG。
②足りない分は話させてほしいと訴えているのもうまい。

NG回答例

お話したいことを事前に考えてきていたのですが、本日はその半分もお伝えできていないように思います。50点以下ですね。本来は、もっとうまく説明できるはずなのすが。

Check

自信のなさそうな態度でいるところが最も悪い点であり、低い評価が下されるところ。話せた内容が半分以下であっても、やはり90点だと答えよう。そこから挽回が始まるのだ。

あなたが面接官だったら、どんな学生を採用しますか?

●答えにくい質問

👁 ココが見られる

もちろん、自分のような学生だと答えるべきであり、なぜ自分のような学生を採ると会社に利益があるかを説明する。要するに、質問は何であれ、面接は自己PRの場だということだ。

OK回答例

もし私が面接官なら、私を採用すると思います。なぜなら私には旺盛なチャレンジ精神があります。「低いコストで高い満足」の実現こそ私の信条です。パソコンも自分自身で組み立て、必要なアプリケーションだけ入れていますが、不都合を感じたことは一度もありません。おかげで機械が苦手なアナログ人間というマイナス面も克服できました。私はハードルが高ければ高いだけ、達成するための意欲が沸いてきます。私を採用して損したとは決して思わせませんし、私も損させたとは思わない働きぶりで頑張りたいと思います。よろしくお願いいたします。

NG回答例

私のような人間を採用したいとは思いますが、実際にはどうでしょうか。というのも、自分の弱点、欠点についても誰よりも知っているわけですから。ただ、企業にはいろんな人間がいるべきだと思いますので、私のような者もいれば、まったく違う性格の人間がいてもいいと思います。

Check

どうして自分をもっと高く売り込まないのか。「いろんな人がいていい」というのは正論だが、逃げているような印象。自分にもっと自信を持つようにしてほしい。

志望動機に関する質問

なぜあなたの専門と違う業界に就職しようと考えたのですか？

●答えにくい質問

👁 ココが見られる

「仕方なく」といった後ろ向きの答え方は絶対に避ける。「新たな自分を発見すべく」といった回答を用意しておいてほしい。回答によっては、専門としている学生よりも好評価が得られる。

OK回答例

学科の壁を越えて違う業界に就職することに、後ろめたさは感じません。工学部で培った「2足歩行ロボットの製作と歩行制御」に関する研究経験は、今後スポーツ用品メーカーである御社に就職してからも、無駄にならないと考えています。無駄な経験など、ひとつもない。むしろ、専門外で得てきた知識が、スポーツ選手なら誰もが欲しい「疲れを感じずに歩ける靴」を生むためのアイデアとなって、今後の業務にも十分役立つのではないでしょうか？　専門知識については、今から必死になってマスターします。

NG回答例

放送業界に関する知識はほとんどないのですが、それでも私は、「いつかは自分の手で、何かを作りたい」と思っています。この業界への憧れは人一倍強く、入社できたらどんな仕事にも嫌な顔ひとつせず、積極的に取り組むつもりです。

Check

「何かを作りたい」が抽象的だし、何かを作るのに放送業界でなければならない理由もない。専門知識はないけど、憧れはあると言っているにすぎないレベルの回答。

入社してみて自分に合わなければ、どうしますか?

●答えにくい質問

◉ ココが見られる

どんな人間だって入社して1ヶ月もすれば、合っていないんじゃないかと一度は思う。こんなときにどう対処するか。粘り強くこの時期を耐えるか、他に可能性を求めるか。職業観が問われる。

OK回答例

人間関係、業務内容、得意先と学生時代とは違う環境の変化に最初は戸惑うかもしれません。しかし私は小、中、高校時代に海外を含めて転校を10回以上経験したため、年齢に関係なく誰とでも協調し、コミュニケーションを取るためのコツが自然と身に付きました。合ってないと一時の感情に左右され悩んでしまうのではなく、何事も経験と開き直った考え方をできるかどうかが大切だと思います。もちろん社会人ですので、自分に落ち度はないかを先輩方に相談をするなど省みて、改善するべきところは改善します。

NG回答例

合わないとしても、会社に敢えて合わせるつもりはないと考えています。自分らしさが失われてしまうような気がしますから。自分の生き方、ポリシー、信念といった部分に関わってくる問題だと思います。合わなかったとしても、それはそれで良しとし、私は自分の仕事にひたすら精進するのみです。

Check

若者らしいが、この場でポリシーを語るのは、少し控え目にしてもらいたい。企業人として働く自覚を。

志望動機に関する質問

結婚後も
仕事は続けますか？

●答えにくい質問

👁 ココが見られる

仕事と結婚との関係を、どう捉えているかを見極める質問。企業により考え方は違ってくるだろうから、断定的な物言いは避けた方が無難。その段階になって改めて考えたいとするのが賢明だ。

OK回答例

私の母は結婚後も仕事を続け、仕事と家庭の両立を私が生まれてからも続けていました。女性の社会進出が珍しかった時代にも関わらず、仕事を続けた母は良いお手本です。私も母を見習い、御社で責任のあるポジションをいただくこと、家庭を築くことの両方を目標にしています。具体的な相手が今はいませんが、私の目標に共感してもらえるような相手にめぐり合えることが理想です。

Check

自分の身近な家族を例に出しながら、仕事本位の姿勢を示す好回答。この質問、男子がされたらどう答えるか!?

NG回答例

仕事もまだ決まっていない段階ですし、結婚する予定もありません。ただ、私の性格からして仕事と家事とを両立させることは難しいと思います。中途半端が嫌いなんです。打ち込むからには仕事か家庭か、どちらかに全力投球したいと思います。

Check

結論としては、結婚したら退職するという姿勢。強気だが、柔軟性のない思考をする人間だという印象。圧迫質問の一種だから、上手にかわす術を考えてみては？

あなたは家業を継がなくていいのですか?

●答えにくい質問

OK回答例

家業は小さなスーパーマーケットを営んでいますが、私は会社勤めを希望しています。この点については両親とも十分に話し合いました。出版社への就職については納得してもらっており、弟が家業を継ぐ意思を表明済みです。今は私が企業人として仕事に励むことを、両親、弟とも応援してくれています。

Check

家族で話し合いをした上で行なっている就職活動。そのことが明確に説明できている。これから家族を支える柱となることを想像させる、好印象の回答。

NG回答例

将来は家業を継ぐことを、強要されるかもしれません。しかし、私の御社で働きたいという希望の大きさは並大抵のものではなく、決して諦め切れないものであります。いずれにしても、家業を継ぐことになる可能性が出てくるのは10年も先の話。それまでは一生懸命頑張りたいと思っています。

Check

家族との話し合いが決裂し、見切り発射で応募してきたような印象の回答。そんなことを想像させるような学生を安心して採用することは難しい。

志望動機に関する質問

重要質問データベース①

あなたは友人から どんな人間だと 思われていますか?	「忍耐強い」「積極的」などの言葉を羅列するだけでは信憑性を欠く。サークルの部長を務めた話をした上で「指導力がある」などとし、具体例を挙げて説明すること。
あなたのこだわりは 何ですか?	「髪型」「化粧」と学生気分の抜けない回答だと、まず相手にされない。「誠実さ」「思いやり」といった仕事や人間性に関するこだわりを訴求する。
あなたが誇れるもの は何ですか?	こういう質問に対して、集めている切手だとかの所有物を答える学生が、案外少なくない。自分の性格、能力の中で自信のある部分について説明すること。
あなたは挫折したこと がありますか?	挫折をしていないことが優秀な訳ではない。幾多の挫折を経験したが、それを克服して成長できたことをアピールするべき。
サークル活動で一番 大変だったことは どんなことですか?	思い出話ではないということを確認しておこう。辛かった、苦しかったという話は無意味だ。その経験を通じて、どのような成長を遂げられたかを話す。
大学生活で得たもの はどんなものですか?	必ず聞かれる質問。一度まとまった時間を取って、大学生活をじっくりと振り返り、経験してきたことを整理しておこう。「楽しかった」では印象は薄い。

どんなアルバイトをし、何を学びましたか?	アルバイトの内容は3割でいい。あとの7割は、アルバイトから学んだことを体験に即して、具体的に語るようにする。学業との両立はどうだったのかも言及。
尊敬する人はいますか?	歴史上の有名な人物、政財界の重鎮、両親などは無難な回答。著名人以外を挙げる場合は、面接官にその人について、20秒以内で説明できるようにしておく。
苦手な人はいますか?	誰とでもうまく付き合えますと答えたら身も蓋もなく、面接官は0点を付ける。苦手なタイプを挙げ、彼らとの自分なりの付き合い方を説明しよう。
どんなスポーツをしますか?	スポーツを通じて得られた人間的な成長を、エピソードを交えながら語ろう。全国レベルの大会で優秀な成績を収めた人なら、そのことについて話してもいい。
最近どんな本を読みましたか?	本の内容を説明し、感想を述べる程度では、小学生の読書感想文の域を脱しない。自分なりの分析、書評を加えること。"自分なりの"というところが要点。
思い出に残る旅行体験はありますか?	「楽しかった」「景色がきれいだった」では自己PRにならない。例えば貧国へ行って何を感じたか? スラムで抱いた感情は? 印象に残る話をしよう。

志望動機に関する質問

重要質問データベース①

あなたの親友は どんな人ですか?	親友についての話ではない。その親友との関わり合いを通じて自己PRをする。この考え方は面接の基本だ。刺激し合えた友人を想像し、話すこと。
友人とは何をしていますか?	「遊び、飯を食べ、バイトに行く」といった類いの、日々の平凡な出来事はいらない。インパクトのある話を、ひとつだけする。「週末一緒に20km走る」など。
人と人との コミュニケーションで 大事なことは 何だと思いますか?	営業職志望者によく出される質問。ポイントは、「言葉以外」のところに解答を求めることだろう。誠実さ、人を思いやる心、相手の話をよく聞くなど。
学生と社会人との 違いはどこだと 思いますか?	責任感についての意識が希薄なのが学生。濃厚なのが社会人といったところ。学生も社会の一員であり、本質的には両者に大差はなく独自の回答が必要。
普段気を付けている ことはありますか?	日常から堅く信じ、心掛けている事柄、つまり「あなたの信条は?」という質問。「信念は」「モットーは」「標語は」と同義。
人生で何を成し遂げたいですか?	「仕事で何を達成したいですか?」と同義。仕事上の夢を語ろう。家を建てるなど、私的な回答が求められているのではないということを認識しておくこと。

あなたは何で情報を得ていますか?	テレビ、新聞、ラジオ、インターネットなどさまざまある。どれでもいいが、ここから情報収集能力、及び分析力があるという具体的な話に展開するのだ。
あなたの卒論のテーマを説明してください	専門だからと得意になって「レーザー蒸着法を用いた電界計測に関する研究」などと言う学生が多い。難解な言葉を並べず、簡単に説明しよう。
卒業まで何単位残っていますか?	単位取得が遅れていれば、「部活に時間を取られたためですが、全国大会ベスト4に入りました」など理由を説明。留年の心配はない旨も強調しておこう。
あなたの弱さはどこですか?	人間には弱点だってあるはずだから、隠さずに話していい。ただし、その分こんな強さがあるとアピール。これも自己PRのための質問なのだ。
パソコンは使えますか?	漠然とした質問だが、使えるOS、アプリケーション、取得資格などできるだけ具体例を挙げて答えるように。「人並み程度……」ではPRにならない。
外国語はできますか?	英語はできて当たり前とするのが今の就職事情。もしできないのであれば、正統派の大阪弁ができるなどと言い、自分の土俵に引き込むようにする。

重要質問データベース②

好きな仕事に就けなければどうしますか？	希望する職種があることは当然述べておくが、固執するのは考えもの。いろんな現場を経験して成長を遂げ、最終的に望む仕事に就きたいとつなげよう。
当社は第一志望ですか？	もちろん第一志望である。100人中100人がこう答えるから、その次に続く「なぜなら…」で詳しく理由を説明する。熱望するに値する志望動機を述べよう。
この業界を目指したきっかけは何ですか？	自分が仕事で成し遂げたいことが、この業界にあるのだということを説明。そのやりたいことを、ここで言及するのだ。単なる憧れでは相手にされない。
あなたが会社を選ぶ基準はどこにありますか？	規模の大きさ、安定性、ネームバリューなどの回答は避ける。あくまで、やりたいことが実現できそうだということを軸として話す。それが本音のはずだ。
この業界以外に考えている業界はありますか？	あるならあると答えていい。大切なのはあなたのやりたいことであり、どの業界に所属するかではないのだから。本を作るのは商社でもメーカーでもできる。
他にどの会社を受けていますか？	隠したがる学生がいるが、隠す必要は全然ない。「他社の面接も今のところ順調です」と答えておけば、面接官は一目置く。

当社のホームページはご覧になりましたか?	面接前に見ておくのは必須。感想を話せるようにしておこう。良かったと思う点のみならず、こうすれば見やすくなるなどの改善点を挙げるのもひとつの手。
家族と就職の話をしていますか?	「御社を第一志望としたのも、家族の意見を参考としています」と説明し、熱意を訴求。就職について家族がどのようなアドバイスをしたかも言及しよう。
勤務地の希望はありますか?	希望は述べてよいが、執着しないように注意する。「絶対に地元を離れたくない」などと言うと、その自己中心的な態度から人間性を悪いように判断される。
残業は大丈夫ですか?	残業に否定的な意見を述べるのはタブー。仕事に消極的だと思われる。「好きな仕事ができるのだから、残業は進んでやりたい」くらいの勢いも必要だろう。
転勤は大丈夫ですか?	基本的には大丈夫と答えるようにする。「転勤を楽しみたい」くらいに前向きな意見を示しておいた方が好感触を得られよう。
入社後、休日はどのように過ごしますか?	仕事に対する熱意を伝えるのは大事なのだが、「休日まで出勤したい」などとする猛烈ぶりをアピールするのは、やや危険。休日の楽しみ方を明るく話そう。

志望動機に関する質問

重要質問データベース②

当社の競合企業を ご存知ですか?	知りませんでは話にならない。 「知っており比較した上で、御社 を第一志望に決めました」と伝 える。決めた理由を具体的に話 せるようにしておくこと。
当社の製品を どう思いますか?	「最高です」「格好いいと思いま す」といったオベンチャラはいらな い。実際に使ったことがあるなら、 その使用感を述べる。改良すべ き点を述べるのも手だ。
あなたは接客に 自信がありますか?	この質問に限らないが、「自信が あります」と答えるだけでは不十 分。全員がそう答えるのだから。 面接官は、その自信を培った経 験を聞きたいのだ。
OB、OG訪問は しましたか?	先輩に会ったという事実がある だけでも、志望意欲が高いとみ なされる。どんな話をしたのか、 話を聞いてどんな感想を抱いた か、具体的に話せるように。
当社のイメージを あなたらしく 表現してください	「明るい」「規模が大きい」など のありきたりな言い方は避ける。 例えば会社を擬人化したり、動 物に例えたりしてイメージを伝え るといった工夫はどうか。
当社の事業内容を 説明してください	多角化しているから、一言では 言いにくいかもしれない。自分 の志望するところと関連する事 業について言及し、そこでやっ てみたい仕事をアピールしよう。

重要質問データベース③

最後に質問は ありませんか?	集団面接で聞かれたら、誰よりも早く挙手して質問する積極性を見せる。「最後に質問は?」対策に、質問を2～3個用意しておくといいだろう。
自分を動物に たとえると何ですか?	犬でも猫でもゴキブリでも何でもいい。「ゴキブリです。叩かれても叩かれてもよみがえる不屈の精神力が自慢です」と言い、その後づけの理由に工夫を凝らす。
初任給は 何に使いますか?	こういう無意味のような質問に対しても、自己PRを行うのが面接だ。ユーモアで切り返すのもいい。銀行志望なら、「全額貯金します」などはどうか。
最近、怒ったことは ありますか?	世の中の理不尽なことに、怒りを爆発させることができるのが、若者だ。怒りの対象は何? そのときのあなたの行動は? 感性が問われる質問とも言える。
最近、泣いたことは ありますか?	これも感性が問われる質問。失恋、死別、その他色々とあろうが、そのときのあなたの感情の推移が聞きたい。出来事に対しどう反応し、どう向き合うか。
あなたを色に 例えると 何色ですか?	暖色系か、寒色系か、メタリック系か。どの色を挙げても構わないが、その理由が大切。ただし、「白です。会社の色に染まります」はもう古い。

重要質問データベース③

一億円あったら どうしますか?	お遊び的な質問に対して気を緩め、「2年ぐらい遊んで暮します」などと答えない。出版社なら「主要言語間の翻訳辞書を作りたい」など仕事に絡める。
今日のスーツを選んだ 理由は何ですか?	答えは何でも構わない。ただ、そのあとに「無難なリクルートスーツだね」などの圧迫につながる。そんなときは「個性は話で勝負します」などと切り替えそう。
上司と意見が 対立したら どうしますか?	協調性、柔軟性、適応性などを幅広く探る質問。原則的には上司に従う姿勢を表し、さらに建設的な解決法を示すようにする。
貯金はいくら ありますか?	多いほどいいという訳ではない。その貯金をどのようにして貯めたのか、今後どのように使う予定なのかを答える。
あなたの話し方が 気になりますが……	完全な圧迫質問であり、学生の反応する態度が見られる。感情的になったり卑屈になったりせず、堂々と余裕を持って切り返すようにしよう。
あなたはうちの会社 に向いていませんね	本当の質問意図は「あなたのどこが当社に向いていると思いますか?」というもの。自分を売り込むチャンスをもらえたと考え、自己PRしよう。

隣の彼の発言に ついて どう思いますか？	集団面接で出される質問。自分が何を発言するかばかりに気を取られていると、答えられない。答えるときには、隣の彼の発言に加えて自分の意見も述べる。
元気がないように 見えますが	圧迫質問の一種。反応を見るための問いだ。「自分の発言のときに元気を爆発させるために、今はわざと押さえ気味にしているんです」と明るい回答を。
今朝の新聞で面白い 記事はありましたか？	面接の当日は、朝刊には目を通しておいた方がいい。一面記事は多くの学生が挙げるだろうから、それ以外のものを選択するのも有効な手段。
どんなテレビ番組を 見ていますか？	視聴する番組により、おおよその人間像がイメージできる。アニメやドラマを挙げる場合は、相応の理由が必要になる。会社のCMや提供番組は要チェック。
現在の円相場に ついて どう思いますか？	筆記試験でもよく出される質問。最近の円相場の推移を確認しておこう。同時に、これにより企業がこうむる影響についても意見できるようにしておく。
環境保護についての 意見を述べてください	志望者の思想的な背景を探る質問。「エネルギー問題」「ゴミ問題」などと同義。ゴミの分別など自分の身近な問題と照らし合わせて答えるのがコツ。

セルフチェック

自分に当てはまるものに、チェックしよう

- [ ] 仕事で成し遂げたい夢がある
- [ ] 休日出勤も嫌ではない
- [ ] 仕事に関する勉強が楽しい
- [ ] リーダーシップがある方だ
- [ ] すでにビジネス手帳を購入している
- [ ] 熱中し出すと周りが見えなくなる
- [ ] 会社の経営方針を明確に把握している
- [ ] 過程より結果を重視するタイプ
- [ ] 協調性はある方だ
- [ ] 責任感の強い方だと思う
- [ ] 家族、友人より仕事を優先すると思う
- [ ] 会社の同僚とプライベートでは付き合いたくない
- [ ] 新しい分野にチャレンジするのが好き
- [ ] ストレスには強い方だ
- [ ] 自分の適性をはっきりと理解できている
- [ ] 理想とする人間像がある
- [ ] プライベートより仕事が大事
- [ ] 向こう見ずなところがある
- [ ] 友達との約束と残業では残業を取る
- [ ] 何事にも一生懸命取り組むタイプだ

チェックした数を元に診断結果とアドバイスへ ━━▶

0～6の人は「意欲があまり感じられない」人間

　0個から6個のあなたからは、働くことに対する意欲があまり感じられない。志望している企業は、本当にあなたがやりたいことができる会社なのだろうか。ネームバリューだけで会社を選んだりすると、きっと後悔する。今ならまだ間に合う。本当に自分のやりたいことをできる会社を、志望しよう。そうすればもっと意欲的になれて、面接でもいい結果が得られる。

7～13の人は「そこそこ意欲的」人間

　あなたは働くことに、そこそこ意欲的な人間といえる。ただ、成し遂げたい目標とか、仕事に関する夢などを、具体的に持っていないのではないだろうか。強烈な意欲が感じられない分、面接官もあなたに強烈な魅力を感じないかもしれない。一生をかけて取り組む大きな夢を描こう。そうすれば、さらに意欲的になれる！

14～20の人は「非常に意欲的」人間

　あなたは働くことに、非常に意欲的な人間だ。その熱い思いを面接官にぶつければ、きっといい評価が得られるに違いない。ただし、熱くなりすぎないように気をつけることも必要。仕事一筋、他人のことはおかまいなしでは困るだろう。特に、グループディスカッションやグループワーク面接では要注意。仕事に意欲的であり、人間としても魅力的である存在であってほしい。

vol.4

女子の場合について

結婚、出産、育児などの問題は……

　女子の場合は、結婚、出産、育児など男子とは違った特別な事情があるものであり、どうしたって「女子の場合」といった見方がされてきた。聞かれる質問も「結婚しても仕事は続けますか」「子供ができたら仕事はどうしますか」という内容が含まれてくるだろう。企業によっては出産や育児休暇、就業時間の短縮、再雇用などの制度を設けている。それらを含め、企業の中での女性の役割をどう捉えているかが問われる。結婚退職を推奨する会社もあれば、結婚後も働き続けることを望む企業もある。

質問は何であれ、仕事に対する熱意を伝えよう

　結論からいえば、女子だからといって回答に工夫を凝らす必要はない。女子であることの意識が過剰だから、「女子はどう答えればいいのだろう」などと悩み出すことになるのだ。面接の原点に帰ろう。言うべきことは自己PRと志望動機であり、あなたは仕事に対する熱意を、男子と同様に訴求すればいいし、しなければいけないのだ。結婚退職を推奨する会社に対してでも「結婚したら辞めます」と答えるより「仕事はできる限り続けたい」といった方が、仕事に対して意欲的に聞こえるのは当たり前。あなたは働きたいから面接を受けるのではないか？

＊男女雇用機会均等法の改正等もあり企業も変わってきている。とはいえ、どのような質問であっても堂々と答えられる準備はしておくべきだろう。

第5章
業界別の
傾向と対策

業界研究の成果が試される

「なぜこの業界を志望するのですか？」といった質問は、かなり高い確率で聞かれることになる。幼いころから憧れていたとか、業界の商品に興味があるとか、理由は人それぞれだろう。この質問から面接官が知りたいのは、「志望する業界をあなたがどれだけ好きか」である。ただ、「とても好き」と答えるだけでは何の熱意も伝わらない。好きなら業界研究も盛んなはず。その研究内容を発表するのが、「業界別質問」に対する答え方だ。

ココが見られる

〈 マスコミ 〉

自分が言いたいことが明確で、表現力が高いことが問われる。また、「言葉」が商売道具なので正しい日本語ができているかどうかのチェックも厳しい。出版、放送に限らずどの業界でも時事への関心と、制作物については必ず聞かれるので、自分独自の意見や提案を用意しておこう。

〈 金融・商社 〉

金融や経済の知識は当然聞かれるし、ゼミ活動や卒論についても詳しく聞かれる。「貸し渋り、貸し剥がし」といった、時事的な用語の解釈についても求められるので新聞、特に経済面には目を通しておこう。また、固い業界なので服装や身だしなみへの評価は厳しい。

〈 旅行・航空 〉

旅行・航空業界は悪天候など、予想外のトラブルが避けられない。そんな状況でも取り乱すことなく、お客様に丁寧に対応できる強い精神力が求められる。そのため、面接でも答えにくい圧迫系の質問をされることも多い。決して慌てず笑顔で、面接官の質問に回答すること。

〈 流通・小売・サービス 〉

多数のお客様が相手の仕事だけに、理不尽なクレームにも冷静に対応できる冷静さと、人当たりの良さが問われる。また常に流行と隣り合わせの業界だけに、アンテナを広く持ち、人々が次に何を求めているのか、積極的に提案できる自発型の人間であることも求められる。

〈 メーカー 〉

消費者の立場で自社製品を分析し、問題提起ができる人間かどうかが問われる。注意しなければならないのは、ミーハーではなく冷静な分析力が大事だということ。自社製品に対する愛着を持っていないと、面接官を納得させるだけの回答にはならない。多くの人と接するためコミュニケーション力も必須だ。

〈 建設・住宅・不動産 〉

職人や地主といった昔ながらの職人気質な人と接することが多い業界だ。そのため服装や言動を含めた、礼儀正しい立ち振る舞いができれば好印象。また業界全体の行動を見据えた分析力と、分析した事柄を実行する行動力があるかどうかを問われるので、自分なりの意見をまとめておこう。

〈 情報 〉

コンピュータの習熟度や資格は、成否を決定するものではない。「コンピュータを使ってどんなことができるのか？」について意見を述べられるかが重要。また顧客やクライアントとの関わりあいも多いので、しっかりとコミュニケーションが取れるかどうかもチェックされる。

〈 マスコミ 〉

マスコミ講座に通いましたか？もしくは専門の勉強はしましたか？

　マスコミ講座には通いませんでしたが、マスコミ業界に関する本、雑誌などは100冊ほど読んで理解を深めてきました。必要なのは、時代を見抜く、見通すための洞察力。視聴者、読者が望んでいるものを具体的な形とし、発信するのがマスコミの使命なのだと考えています。受け手側が何を欲しているのか、高感度アンテナを常に掲げておくことが大切だと思います。

Check

　専門講座に通っていなかったとしても、業界の勉強はしてきたことを説明し、仕事に対する意欲をアピールしよう。

あなたの好きな番組は何ですか？他局でもよいので挙げてください

　御社が毎週土曜日の深夜１時より放送している、「歴史の偉人たち」がとても好きで、毎週欠かすことなく拝見しております。歴史に名を刻んだ成功者たちの生い立ちを知ることは、生きる知恵と勇気を与えてくれるものです。レオナルド・ダ・ヴィンチの回では、芸術から医学、数学、科学にまで精通した彼の多彩な才能に圧倒されましたが、人間の可能性が無限であることを感じ、非常に勇気付けられました。番組として、とても緻密な取材ができていた印象。ぜひ私も、視聴者に勇気を与えられる番組作りをしたいと思っています。

Check

　番組名と内容を説明することに加えて、番組に対する自分なりの意見を言及することを忘れないようにしよう。

インターネットは出版業界に
どのように影響すると思いますか?

オンペーパーからオンスクリーンへ、つまり紙面から画面へ、紙から液晶へということが、盛んに叫ばれています。電子書籍は、紙面が画面に代わるだけではありません。本のテキストデータはネットサーバ上に保存されるので、これまでの懸案であった、品切れや絶版という問題が解決できます。制作コストの低減も実現するでしょう。電子書籍が一般的になる一方で、書籍でなければならない本もあると思います。この相異なる2つのバランスをとり、影響力のあるブロガーなどの著者の開拓なども含めた時流に乗った出版戦略のできる出版社が、生き残っていけるのではないかと考えています。

Check

しっかりとした業界分析ができている。「時流に乗った出版戦略」について追加質問がくる。話せる準備をしておこう。

これからの広告のあり方について、
知っていることを説明してください

現代はテレビの視聴率が下がって、ウェブやオンラインゲームなどの広告が主流になっていると思います。そんな中で、これからもっと注目していきたいのが、SNSの書き込みやブロガーの影響です。現在もステルス広告はありますが、これからさらに口コミ効果というものが購買に大きく影響するようになると思います。通常の広告に加えて、SNSを使ったイベントの開催や、街頭での商品PRなどを絡めた話題づくりをしていくことが大切だと考えております。

Check

デフレも相まって、広告費を抑える企業が増えている。学生ならではの発想を求めていることも多いだろう。

〈 金融 〉

▍今後の金融業界は
▍どうなると思いますか？

　ＡＩやモバイル決済など、フィンテックによる決済の多様化は金融サービスに大きな影響を与えています。これまで銀行の果たしてきた役割が減少するなかで、一層重要となってくるのが、国民、利用者に対する信頼性。金融機関はまず信用されることが何よりも大切です。信頼性はどこから生まれるかというと、働く一人ひとりの人間から。私自身が信頼され得る人間として成長を遂げることが大事なのは、言うまでもありません。

---Check---
　金融の形式が多様化している今だからこそ、信頼性が重視される。堅実な考え方を示し、志望者の性格を反映した回答だ。

▍外形標準課税について
▍分かりやすく説明してください

　銀行は、貸して回収できなかったお金を利益から差し引いて収支を計上していました。だから、儲けの金額は必然的に少なくなり、税金を抑えることができました。ところが未回収金を考えずに、外側から見て分かる儲けを標準に考えて、税金をかけてしまおうというのが外形標準課税です。パッと見て羽振りの良さそうな人からは、多くの税金を取ろうとする税法と言えるのではないでしょうか。銀行だけが新しい税金を払わなければならないのは不公平だと言えますし、私自身はこの税制には反対の姿勢です。

---Check---
　いろんな意見があろうが、正解はない。自分の言葉で説明し、自分なりの考え方を示すことが必要。

あなたは銀行に行ったとき、どこを見ていますか?

　銀行で働くことを強く望んでいる私としましては、働いている方々の動作、言葉がとても気になります。初めて行く銀行では勝手が分からず、入り口付近で右往左往してしまうことも。そんなときに素早く、「ご用をお受けいたします」と声を掛けてくださると、とても安心するのです。書類を書くのに手間取っていると、走って見本例を取りに行ってくださった行員の方がいました。そして最後まで丁寧にお付き合いしてくださったのです。銀行も一般企業と同じく、ユーザーありきです。利用者のことを第一に考えて、業務に取り組みたいと思います。

─Check

　銀行を利用したときのエピソードを交えて、仕事へと話を展開できた。利用者第一主義を貫くのは好印象だろう。

普段はどんなものから経済の情報を得ていますか?

　「プレジデント」「日経ビジネス」「財界人」など。ほかにもオンラインビジネスマガジンなどを利用し、幅広く情報を得るように努めています。特集はどれも独自の切り口を展開しており、興味深いページ作りができていると言えるでしょう。ある金融マガジンでは、銀行の建て直しについて「不良債権の処理はさておき、企業育成に注力せよ」とありました。貸し渋り、貸し剥がしに走るのではなく、金融機関の本来の姿に戻れというサジェスションです。私といたしましては、まさに同感です。小手先の改革では役に立たないと思い知りました。

─Check

　媒体名をいくつか挙げて、内容を簡単に説明しよう。そして、それらについて自分なりの分析を加えることが大切だ。

業界別対策

〈 旅行・航空 〉

航空業界に最も強く求められているものは何だと思いますか?

　時間についての価値が上昇し、航空業界の果たす役割はますます大きくなりました。しかし日本の空港はハブ空港として効果的に機能しておらず、東南アジアのそれらと比べても遅れをとっている感があります。これは、アジアを代表する経済大国としては切実な問題でしょう。利便性の高い国際ハブ空港を一刻も早く整備することが、強く望まれていると思います。

Check
> 一般論的ではあるが、時間価値の上昇などを踏まえて要望されていることを的確につかんでいる内容。

今まで行った旅行で最も印象に残っているのは?

　フランスです。パリ市内には宮廷文化の中心地ヴェルサイユ宮殿があり、名所であるルーヴル美術館では「モナリザ」など一万年の文化と文明に触れられ、歴史を重んずるヨーロッパらしいところだと感心するに至ったのです。それともうひとつこの旅行が印象的だった理由は、添乗員の方が仕事をする女性として、輝いていたからです。無論御社のツアーです。旅行者を満足させる情報をそのつど楽しく提供。相当な勉強量であろうことが想像できました。私も、お客様の一生の思い出となるようなツアーを手掛けたいと思います。

Check
> 「フランスがよかった」とだけ答えるのはただの感想。面接の場では、志望理由に結び付けて答えることがポイントだ。

当社に入社したら、どんな
ツアーを企画したいですか?

　30代中盤の夫婦をターゲットとした、海外ツアーを企画したいと思います。と申しますのも、ちょうどこの年齢のカップルは子供ができ、旅行特に海外などには出かけにくいというケースが多いと思うからです。そこで、赤ちゃんの世話をする保育士を同伴させる海外ツアーを実現したいと思います。育児というのはストレスもたまるはず。そのストレスを旅行などで発散させたいと考えているのが、このターゲット層なのです。保育士に任せられるところは任せて、自分たちはツアーを楽しむという企画。ぜひ成功させたいと思います。

─Check ─────────────────────────────
　30代中盤のカップルをツアーターゲットとするのは、意外性があっておもしろい。この設定はどの旅行会社も手薄だろう。

あなたはなぜ、
旅行業界を志望するのですか?

　ストレス社会と言われる21世紀、都市住民と自然との融和は、今後ますます重要視されることになるでしょう。私はグリーンツーリズムやエコツアーに非常に関心があり、数多くの旅行を経験してきました。そこで感じたのは、人間は自然の一部であり、自然の中で暮らすことこそがまさに自然。自然は破壊する対象ではなく共存する仲間であるということを、身をもって体験してきたのです。そして今度は、ツアーを企画する側の人間になりたいと思いました。自然保護や環境保護を取り入れた新しい旅のスタイルを、提案していきたいと考えます。

─Check ─────────────────────────────
　エコツアーなど、最近の旅行スタイルについての勉強ができている。「新しい旅のスタイル」について具体的に話そう。

〈 流通・小売 〉

当百貨店について、あなたはどう思いますか?

　貴百貨店は通路やブースがTデパートやM百貨店に比べてゆったりと広く、落ち着いて買い物ができる雰囲気です。トイレや階段をバリアフリーとしているところから判断すると、お年寄りや身体障害者の買い物もサポートしようとする姿勢が見受けられます。車椅子を使う私の祖父も、貴百貨店は非常に利用しやすいと申しておりました。

Check
　実際に利用し、調べないと言えない事実が盛り込まれている。他店と比較できていて、説得力は強いと言える。

あなたはどうして流通業界に興味があるのですか?

　物を売ったときの満足感、これは達成感を伴うものです。私は昨夏、海の家でアルバイトをしたのですが、そこでかき氷を売り切ったときの達成感、他店よりも売り上げを伸ばしたときの優越感は、私に深い喜びを与えてくれました。誠意を持ってお客様に接し、他店のかき氷とはどこが違うのか、汗だくになりながら説明。お客様が来ないときには呼び込みの掛け声で、喉も枯れました。炎天下ではそれこそ気力、体力、精神力が試されます。そうして買っていただけたときの満足感が忘れられず、流通の世界で生きていきたいと思うようになりました。

Check
　かき氷を売ることに情熱を燃やせたその姿勢に、高い評価を与えたい。志望理由としても立派に成立している。

当店の店舗を利用したこと、 ご覧になったことはありますか?

　もちろん利用したことがあり、そのときの経験から私はこの業界に就職したいと思うようになりました。小売スーパーの最大手であり、毎年トップクラスの売り上げを記録し続けられているのは、「いい品をより安く」をモットーとしていることに加えて、従業員の教育がいき届いているからだと思います。シンプルなことですが印象深いのは、「いらっしゃいませ」の挨拶が、どこのスーパーにも負けない声の大きさであること。誠意が伝わってきます。私も、誰にも負けない声の大きさで「いらっしゃいませ」が言えるようになりたいと思います。

Check

　特別何かを研究したというわけではなかろうが、若者らしい元気のよさが感じられる。面接官のウケはいいはず。

インターネットを使った 商品販売の課題は何ですか?

　店頭と違って、商品を実際に手に取り、使用感を確かめられないというのがやはり最大のネックでしょう。これはどうしたって解消し得ないことです。しかし、お客様の誤解を招かないような最大限の工夫は、努力を惜しまずにするべきだと思います。ショッピングサイトには、商品のスペックを記載するのみならず、ユーザーズボイスや、開発担当者の声などもピックアップして紹介するなど、商品についてできる限り忠実で、正確な情報を提示することが求められます。そのためにはサイト作りに一層の工夫を凝らす必要があるのではないでしょうか。

Check

　使用者の声を採用するのはいいがその信憑性をどう獲得するかが問題。そのあたりも言及するとおもしろい回答になる。

〈 商社 〉

■ あなたが商社に興味を持ち、当社を志望した理由は何ですか？

　国内外の優秀な商品を輸出入し、産業や生活に寄与するという点に興味を持ち、商社を志望いたしました。御社は、ドイツを始めとするヨーロッパ諸国と提携し、メディカル機器の輸入販売を手掛けておられます。扱う製品の信頼性は絶対的。そして、欧州医療分野との強力なネットワークをお持ちでもあります。私はドイツ語、フランス語を得意としており、語学力を駆使して御社のネットワーク上で活躍したいと思っています。

Check
　英語以外の語学ができるというところは、面接官に印象付けられる。特に商社では一目置かれるだろう。

■ 海外勤務であなたが大切だと思うことは何ですか？

　日本人が集まって閉鎖的なコミュニティを作り、現地に溶け込まないというのは、よくあることですが注意しなければならないことでしょう。私は現地の風土、文化、そして人々に接して、人情の機微に触れることが大事だと考えています。そうしたプライベートな異文化交流を介して人間は成長し、本当の国際感覚を身に付けられるのではないでしょうか。私は一人前の国際人に成長したいと思っております。ぜひ御社の社員として、海外勤務を経験させてください。

Check
　商社マンは民間大使だと称されることが多い。日本人の印象をあなたが決定付けるのだ。その覚悟はできているか。

これからの商社には、何が必要だと思いますか？

　まずは優秀な人材というのが挙げられます。これは商社以外でも同じですが、人の集合体が企業であることは間違いありません。あとは潤沢な資金、そして取引企業と強力なルートを築き上げることでしょう。これらに加えて、今後は情報収集、情報分析力が非常に重要になると考えます。ネットの普及により世界との距離が短くなった今、物とサービスのみならず、情報もやり取りするのが、未来型のトレーディングカンパニー。世界各地より商社マンが集めてくるインフォメーションこそが、商社の重要な資源となり、宝となるのではないでしょうか。

Check

　物の時代から、情報の時代へと変わりつつある。商社のあり方も変わってくるだろう。その変化を捉えて説明しよう。

あなたは当社でどんなことがしたいですか？

　商社は扱うものが多種多様。そしてそれと同様にいろんな国と取り引きをします。交流のある国は先進国のみならず、発展途上国であることも少なくありません。世界の隅々まで出かけていって必要なものを探して調達し、日本に送り込むという商社マンの仕事に、私はロマンを感じます。しかも私は、外国の雑貨、日用品に大変な興味があり、仕事ではなくても海外に出かけ、入手してくるこだわりの持ち主。商社の仕事こそ、私が本当に好きで取り組める仕事です。外国製の優れた日用雑貨品を積極的に扱われている御社で、ぜひ働きたいと思います。

Check

　趣味と仕事は違うが、商社マン的な素質は持っていると想像できる。熱意はしっかりと伝わってくる回答だ。

〈 メーカー 〉

■当社製品のコマーシャルを 見たことはありますか？

　猿がパソコンを操作している姿を見たときには、本当に驚きました。もちろんCGだと思いますが、猿の手でダブルクリックしている映像は衝撃的。私も例のパソコンを使ってみましたが、本当に簡単に使えて驚きました。特にキーボードの操作が非常に楽で、素早いテキスト入力ができました。私はさらに上を目指して、犬が使えるパソコンの開発に取り組みます。

─Check
　コマーシャルを見て実際に使ってみたとする回答は印象がいい。改善点を志望動機にリンクさせよう。

■あなたが知っている 当社の製品を挙げてください

　御社製の「リストサポートバンド」は数ある類似商品の中でも最高傑作だと思います。決してお世辞ではありません。私はバドミントンの選手でしたが、中学時代から手首の怪我に泣かされていました。いろんな商品を試してたどり着いたのが、「リストサポートバンド」でした。痛みを軽減するサポート性能は抜群ですし、着脱も簡単。装着がおっくうではありません。速乾性にも優れ、洗っても1時間後には使えるという点も魅力です。私は、私のように怪我に泣く全国のスポーツ選手に、高品質なサポーターをぜひお勧めしたいと思います。

─Check
　実体験に基づく意見なので、お世辞には聞こえない。製品についての詳しい説明もできていて、研究の努力が窺える。

あなたがメーカーを
志望する理由は何ですか？

　物作りこそが、産業の原点だと思うからです。産業が活発化することの起爆剤は、やはり良いアイテムを作り上げることに他ならないのではないでしょうか。物に囲まれて人は生き、物を介して人は触れ合います。私は、そんな産業の原点を手掛けるということに、特別なやりがいを感じずにはいられません。良い製品とは、作り手が心を込めて作った製品だと私は考えます。ハイテク化された世の中ですが、製品に作り手の気持ちを反映させることはできるはずです。職人的気質を忘れることなく、私は本当にいい物を生み出したいと思います。

Check

　自分の中に芯となるものを持つ人間であろう。職人気質をアピールする学生は珍しい。まじめな性格を想像させる。

当社の取り組みについて、
知っていることを説明してください

　御社は、ファクトリー・オートメーション、いわゆるＦＡについての整備を積極的に進めておられます。この分野では草分け的な存在であると同時に、業界をリードするリーディングカンパニーです。技術力の高さは欧米をはじめとする世界中の海外メーカーから注目を集め、さらなる発展が期待されていると聞いています。私は、御社の有する最先端技術を、世界中の企業にお届けしたいと思い、メーカー営業マンとして活躍することを熱望しています。勢いに乗る御社で、ぜひ自分の力を試させていただきたいと思います。

Check

　コンピュータによって生産ラインを自動化するＦＡ。メーカーを志望するなら、専門用語は調べておこう。

〈 建設・住宅・不動産 〉

建設業界の現状について、どのように思いますか？

　御社は、橋梁建設を軸とする公共土木事業の受注が非常に順調だと聞いております。総じて不況感の強い業界にあって底力を発揮しうるのは、世界に誇れる技術と工法が、確かなものであるからでしょう。私は大学で土木工学を専門的に学びました。ゆくゆくは製作立案やプロジェクト管理を行うプランナーとして、御社で活躍したいと思っています。

Check
　質問されている現状については、楽観視しにくいことからサラリと流し、後半は自己紹介の話にうまく切り替えた。

あなたが知っている当社の取り組みを挙げてください

　御社は、耐震性、耐久性、耐火性に優れる住宅商品を数多く出されております。住まいの基本は言うまでもなく安全性であり、これが約束されなければどんなに優れたデザイン性を有する家も、外見だけの薄っぺらなものとなるでしょう。阪神淡路大震災のとき、私の親戚家族は御社の手掛けた家に住んでいたおかげで、災難を免れました。周囲の家はほぼ全壊し、御社製の住宅だけが建ち残っていたと聞いています。家を建てることは多くの人の夢。私は、安全性の約束された最高の夢を、お客様に提供したいと思っているのです。

Check
　親戚家族の話により、印象の強い回答となった。面接官も「あの家のことだ」と気付くに違いないエピソードだろう。

あなたが当社を志望する理由は何ですか?

　御社は住宅リフォームの最大手としてあまりに有名。単なる作り直しではなく、間取りの提案からインテリアやライティングの工夫までを幅広く引き受ける総合リフォーム企業です。建売住宅がちょうどリフォーム期を迎えますが、これからは各社、顧客獲得にしのぎを削ることになるでしょう。御社は培ってきたスペシャリストとしての経験、豊富な施工例、そして何より一流の人材を育て上げてきた実績により、勝ち組となることは間違いないと分析しております。やるからには一流のリフォーム企業で働きたい。これが御社を特に志望する理由です。

─ *Check* ─────────────
　会社のネームバリューに魅かれた感があるが、熱意は感じられる。やるからには一流を目指すという目標は志が高くてよい。

不動産業にとって最も大切だと思うことは何ですか?

　不良資産の軽減に苦しむ大手を横目に御社は、着実に業績を伸ばすことに成功してきました。バブル期に派手な不動産の乱発を控え、将来を見据えた着実な経営姿勢を貫いてきたことが、功を奏しているのだと思います。不動産は先見性が命だと思っておりますが、以上のことからも御社は超優良企業であると言えます。率直に申し上げて御社は、大手ではありますが最大手ではありません。しかし今後5年のうちに、トップに君臨する企業となることは間違いないでしょう。そのために少しでもお力添えできることを望んでいます。

─ *Check* ─────────────
　不動産業界は再編成、合理化を終了し、再スタートを切ったところ。これからが生き残りをかけた勝負の時期だろう。

あなたの目指す システムエンジニアの理想像は？

仕様書に従ってプログラムを作るだけではSEではありません。それは、プログラミング言語やオペレーションシステム、ネットワークのことなどを少し勉強すればできることで、プログラマーなのだと思います。SEは、より便利なシステムを組むにはどうすれば良いかを考え、クリエイトする職業なのではないでしょうか。私は真の創造的なSEを目指します。

Check

SEを明確に分類する基準はなく多種多様だが、高みを目指していることが分かる意欲的な回答と言える。

当社の業務について 説明してください

御社は、企業から受注されてシステムを構築する業務から、インターネットに関わる情報サービスまでを、総合的に手掛けて業績を伸ばしてきました。印象的なのは、「顧客満足は120％を目指す」という御社の意欲的な姿勢です。顧客の要求をそのまま受け入れてシステムを組むと、たいてい「これでは使えない」とクレームが来るのがこの業界の常でしょう。120％を目指すという姿勢は、顧客のことを最優先して考える御社らしいモットーだと思いました。私は、顧客満足度をさらに高めて150％を目標に、日々精進するつもりです。

Check

業界の事情に詳しい印象。会社のモットーをもじって「顧客満足を150％とする」ところは志の高さを感じさせる。

この業界で働くために、何か勉強はしましたか?

　PCの操作ができることは必須と思い、専門学校に通って勉強してきました。ワードを駆使して見栄えのするビジネス文書を作成することができます。また、エクセルについては表計算、グラフ機能の使い方から、複雑な関数の利用方法までを習得しました。同時により操作しやすい使用環境を構築するためのカスタマイズ法などもマスターしています。今後はさらに専門的な知識を身に付けて、情報化社会を生き抜くためのスキルを獲得していきたいと思っています。

Check

　ワード、エクセルを専門的に使いこなせる能力は高く評価される。取得資格などがあればそのこともアピールしよう。

システムエンジニアについてどんな印象を持っていますか?

　SEと言えば、最先端技術をもってシステムを構築するという華やかなイメージがありますが、作るばかりがSEの仕事ではないと思っています。システムを運用していくこともSEの仕事であり、システム利用についての問い合わせを受けるのも、やはりSEの仕事でしょう。クリエイティブな部分のみならず雑用もこなせるのが真のエンジニアだと考えます。サーバーを売る場合には、SEにも営業的センスが必要です。パソコンの前でキーを打っているだけの閉鎖的な職業ではありません。大変ではありますが、だからこそ私はやりがいを感じます。

Check

　職種の本質を理解できている回答。華やかなイメージばかりを持っていると、業務に忙殺されて嫌気がさすのがSEだ。

〈 サービス 〉

あなたがチームプレーで大切だと思うことは何ですか?

　矛盾するようですが、チームメイトにこそライバル意識を持つことが大切だと思います。馴れ合いの仲になってはいけません。ライバル視することでモチベーションが高められ、より良い仕事ができるようになるのだと思います。ライバル意識を持って切磋琢磨しあうことで個人の能力は高められ、同時にチーム全体の組織力も引き上げられるのではないでしょうか。

Check
　「協調性」などありきたりな言葉を使って答えると印象は薄い。少し意外な意見をぶつけるほうが記憶に残りやすいのだ。

あなたがサービスで思い浮かべる言葉は何ですか?

　サービスとは、辞書の定義に従うと相手のために気を配って尽くすこと、ということになるのでしょう。しかし私の定義では少し違っています。「情けは人のためならず」ということわざがありますが、サービスも考え方は同じです。すなわち、「サービスは人のためならず、巡りめぐって自分のためになる」と考えるのです。人に奉仕するというのは相手のためではなく、自分の夢の実現のためです。だから私は、サービス業を志しました。お客様に喜んでもらえてしかも自己実現を果たせるサービス業を、生業とできることに最高の喜びを感じています。

Check
　ことわざをもじったキャッチフレーズはインパクトがある。サービスについて独自の確固たる定義ができている印象だ。

お客様のクレームに
どのように対応しますか？

　当然のことですが、お客様からのクレームは悪口ではなくアドバイスです。改善点を直接指摘してくださるわけですから、これほど効果的なアドバイスもなかなかないのではないでしょうか。無料でアドバイスを与えてくださるお客様には、誠意をもって感謝しなければならないと思っています。「すみませんでした」と謝るのではなく、「至らないところをご指摘いただき、ありがとうございました」とお礼を申したい。こう考えることで、いただいたクレームがアドバイスとして活かされるようになるのではないでしょうか。

─Check

　クレームをアドバイスだと考えれば、それが本当にありがたいものだと実感できるはずだ。前向きの回答に好感。

あなたは接客に
自信がありますか？

　店頭販売のアルバイトを2年経験し、お客様と接することがとても好きになりました。同時に、接客のためのコツも自分なりにつかむことができました。それは、こちらがしゃべって商品説明するのではなく、相手にしゃべらせることです。商品には関係のないことでもいい。お客様の愚痴でいい。お客様は話すことで気持ちを整理されます。結果として商品の購入に至るケースも少なくありません。聞きたくないお客様に商品説明するのは厳禁。ただし聞かれたときには、その商品について的確に答えられるだけの知識は持っておく必要があります。

─Check

　独自の販売方法を説明。店頭販売で客に話をするのではなく、客から話を聞くというのは、意外性があっておもしろい。

■お問い合わせについて

●本書の内容に関するお問い合わせは、**書名・発行年月日を必ず明記**のうえ、文書・ｔＡＸ・メールにて下記にご連絡ください。電話によるお問い合わせは、受け付けておりません。

●本書の内容を超える質問にはお答えできませんので、あらかじめご了承ください。

本書の正誤情報などについてはこちらからご確認ください。
（https://www.shin-sei.co.jp/np/seigo.html）

●お問い合わせいただく前に上記アドレスのページにて、すでに掲載されている内容かどうかをご確認ください。

●本書に関する質問受付は、2025年9月末までとさせていただきます。

●文　書：〒110-0016　東京都台東区台東2-24-10　(株)新星出版社　読者質問係
●ＦＡＸ：03-3831-0902
●お問い合わせフォーム：https://www.shin-sei.co.jp/np/contact-form3.html

落丁・乱丁のあった場合は、送料当社負担でお取替えいたします。当社営業部宛にお送りください。
本書の複写、複製を希望される場合は、そのつど事前に、出版者著作権管理機構（電話：03-5244-5088、FAX：03-5244-5089、e-mail：info@jcopy.or.jp）の許諾を得てください。
JCOPY ＜出版者著作権管理機構　委託出版物＞

わかる!! わかる!! わかる!!
面接&エントリーシート
2024年1月25日　初版発行

編　者　新星出版社編集部
発行者　富永靖弘
印刷所　今家印刷株式会社

発行所　**株式会社新星出版社**
〒110-0016　東京都台東区台東2丁目24
電話(03)3831-0743

ⒸSHINSEI Publishing Co., Ltd. Printed in Japan

ISBN978-4-405-02765-7